講談社文庫

鴻上尚史の俳優入門

鴻上尚史

講談社

目次

鴻上尚史の俳優入門

文庫版はじめに

中学生や高校生に、「どうやったら俳優になれるのか?」とか「俳優とは何か?」「演技はどうしたらいいのか?」ということを、コンパクトに、そして分かりやすく書いてくれないかというオーダーを受けました。

中学生・高校生だけではなく、あらゆる世代で「俳優」という仕事に興味を持っているのにどうしたらいいか分からない人に対しても、役にたつガイドになればいいなと書き始めました。

「俳優」に関しては、たくさんのことが誤解されています。テレビの連続ドラマだけが俳優の仕事ではありませんし、俳優の一番の仕事がプロデューサーやディレクターの〝お気に入り〟になることでもありません。

「俳優」は、尊敬にあたいする仕事です。人気やファンレターやお金にあたいするかどうかを多くの人はまず考えてしまいますが、まず、「俳優」は、尊敬にあたいする仕事なのです。

そのためには、当然、尊敬にあたいする仕事をし、尊敬にあたいする「俳優」になる必要があります。それは、ファンレターやSNSのフォロワーの数と、直接、イコールではないのです。

どういうことなのか、今のあなたにはよく分からないかもしれません。それを、順番に分かりやすく書いていきます。

アマチュアでもプロフェッショナルでもあなたが素敵な「俳優」になるための、なんらかのアドバイスやヒントに、この本がなれたらうれしいなと僕は思っています。

なお、この本は二〇〇六年に『俳優になりたいあなたへ』というタイトルで出版されたものを、加筆、訂正し、おまけと高橋一生さんとの対談を加えたものです。

話を、ある夏の東北新幹線の車内から始めましょう。

僕は、この本を書く前に、じつは、こんな会話をしていたのです。

序章　それは東北新幹線の中で始まった。

その時、僕は、青森県八戸《はちのへ》市で開かれた第五十一回高校演劇コンクール全国大会の審査を終えて、東京に向かう東北新幹線に乗っていました。

知っている人は知っていますが、高校演劇コンクールは、全国の高校の演劇部の甲子園です。

全国二五〇〇校の演劇部から、地区大会、都道府県大会、ブロック大会と、激戦を勝ち抜いて全国大会に辿り着いた演劇部は、全部で十一校。

それは、高校野球の甲子園参加校よりはるかに少ない数です。高校演劇の場合、全国大会に参加できること自体、奇跡のようなものと言えるのです。

十一校の作品と演技の水準は、それはもう高く、僕はどの高校の作品にも心から感動していました。

三日間の上演が終わり、最終日、選考結果が発表されます。

最優秀賞の作品名が呼ばれる直前、会場は沈黙します。緊張感に溢《あふ》れた息苦しい沈黙が、会場を支配します。

それぞれの高校ごとに集まった生徒達は、目を閉じ、息を詰め、肩を寄せ、手を握り、自分達の作品が呼ばれることを祈ります。そして、沈黙が破られ、作品名と高校名が呼ばれた瞬間、会場に喜びの悲鳴と勝利の雄叫《おたけ》び、そして、哀しみと失意のため息が広がります。息詰まる沈黙は、あっと言う間に濃密な感情の洪水へと変わるのです。

僕は、いつもこの瞬間、鮮烈な感動と誠実な哀しみに包まれて、泣きそうになります。自分たちが作ったものが、自分の演技が、最優秀賞に選ばれたこと、選ばれなかったこと、そのことに対して全身で反応している、そのエネルギーと純粋さに感動するのです。

審査員として参加できて、とても幸福だったと、新幹線の窓から東北の夏を見ながら、もう一度、あの感動を思い出していました。

最優秀賞や優秀賞に入賞した高校も、残念ながらそうでなかった高校も、また明日から、夏の部室で練習を始めるのだろうかと僕は思いました。来年の全国大会こそはと闘志を燃やして、下級生達はさっそく、発声練習を開始するのだろうか。それとも、明日一日は、ぬけがらのように今日までの舞台を振り返るのだろうか。部員全員で記録ビデオを見返すのだろうか。そして、高校三年生は、それぞれの進路に向かって、やっと考え始めるのだろうか。

そう思いながら、流れていく景色を見つめていると、ふと、人の気配がしました。

振り向くと、そこには、高校生の男女が一組、立っていました。

ショートヘアの女子高生が、ぴょこんとお辞儀して、こう言いました。

「あの、鴻上《こうかみ》先生ですよね。私達、全国大会に参加した××高校の生徒です」

白いブラウスに濃いブルーのスカート、ショートヘアでぽっちゃりした体型の女子高生は、体をぐっと前に乗り出して言いました。

「あの、ちょっと、お話しさせてもらっていいですか？」彼女はさらにぐっと迫ってきます。

僕は二人掛けの椅子《いす》の窓側に座っていました。隣は空いていたので、ショートヘアでぽっちゃりして目がクリッとした女子高生は、僕のすぐそばまで入り込んで来ました。

僕はおもわず、窓に体を寄せました。

「ほら、マサシも言ってよ！」

ショートヘアでぽっちゃりして目がクリッとして頑丈そうな女子高生は、通路に立っている男子高校生に声をかけました。

その瞬間、白いシャツに黒いズボンのひょろっとした男子高校生は、ビクッと体を震わせました。

「う、うん……」

色白でやせた男子高生は、小さく答えました。

「もうっ」

ショートヘアでとにかく頑丈そうな彼女は、気弱そうな男子高生にそう言った後、振り向き、僕の目をぐっと見つめて言いました。

「鴻上先生、聞きたいことがあるんです。いいですか？」

「あ、ああ……なにかな？」

その目があんまり勢いがあったので、僕は思わず答えていました。

「いいですか⁉　ありがとうございます！」

とにかく頑丈そうな彼女は、全身をぶるるんっと震えさせました。

なんていう馬力だろうと、僕は思いました。こういう時は、エネルギーじゃなくて、やっぱり馬力という言い方だろうなあと思いました。

「ほら、マサシ、手伝って！」

とっても頑丈な彼女は、ひょろっとして色白で切れ長の目をした男子高生に声をかけました。

そして、僕の前の椅子に手をかけました。

「ちょっと失礼します」

本当に頑丈な彼女は、そのまま、前の椅子の背を押しました。ガタッという音がして、椅子の背は動き、向かい合った四人掛けの空間ができました。

とにかくひょろっとした男子高生は、手伝おうと手を伸ばしましたが、間に合いませんでした。

「失礼します」

とにかく頑丈な彼女はまた声を出して、僕の前の椅子に座りました。

「ほら、マサシ！」

やっぱりひょろっとした男子高生は、すまなそうに彼女の隣に座りました。

「で、なんなの？」

僕はもう一度、聞きました。

超頑丈な彼女は、一気に言いました。

「私たち、どうやったら俳優になれるか知りたいんです！」

横で、超ひょろっとした男子高生が、小さく、無言でうなずきました。
僕は黙って、二人を見つめました。
彼女は、本当に頑丈な体型と顔をしていました。
彼は、色白でわりとハンサムな顔でした。

第一章　俳優ってなんだろう？

人気者と俳優の違い

頑丈な彼女は、ユキちゃんと言いました。

ひょろっとした彼は、やっぱり、マサシでした。

ユキちゃんは、演劇部の部長。マサシ君は、ユキちゃんと同じクラスで、じつは、ユキちゃんに強引に誘われて、今回、初めて演劇部に参加したんだと言いました。初めての参加で、全国大会に行けるんだからラッキーです。

「でも、こいつはそう思ってないんです」

ユキちゃんが、マサシ君を指さしながら言いました。

「ほお、どうして？」

僕はマサシ君の方を見ました。

マサシ君は、下を向いたまま、小さく言いました。

「……だって、僕、舞台に興味ないんです。テレビとかがいいんです」

「また、あんたはそういうことを言う！　演技の基本は舞台ですよねえ！　鴻上先生、ちゃんとマサシに言ってください！」

ユキちゃんが全身で文句を言い出しました。

「まあまあ。落ち着いて。マサシ君はテレビに出たいの？　それとも、俳優になりたいの？」

「えっ……」

マサシ君が意外そうな声を上げました。

「どっちなの？　テレビに出たいのなら、俳優じゃなくても、タレントや歌手やお笑いの人になるという方法があるよ。もちろん、それぞれに目指し方は違うけどね。どうなの？」

マサシ君は、ゆっくり顔を上げて、僕を見ました。

「ほら、マサシ、はっきり言いなさいよ。鴻上先生に聞けるなんてめったにないチャンスなんだから」

「ユキちゃんは、ちょっと黙っててね。それから、僕を先生とは呼ばないように。僕は作家で演出家で、先生じゃないからね」

「はい……」

　ユキちゃんが、納得できないなあという顔で僕を見ました。

「……テレビに出る俳優になりたいんです」

　マサシ君が、ぽつりと言いました。

「なるほど。テレビだったら、いつでもいいの？」

「いつでも？」

「そう、深夜でも早朝でも。深夜一時からのドラマでもいい？　誰も見てないかもしれないんだけど、とにかくテレビだったらいいのかな？」

「いや、それは……」

「地上波じゃなくてBSとかCSはどうなの？　これはダメ？　時間による？」

「いえ、あの……」

「マサシ君が絶対に見ないようなドラマでもいい？　たぶん、マサシ君は、時代劇とか二時間ドラマとか見ないでしょう？　それでもいい？」

「いや、それは……」

「もう、なに、ウジウジしてるのよ！　はっきり言いなさいよ！」

　ユキちゃんが、横で声を上げました。

　僕は優しく、

「ユキちゃん、そんなにいちいちマサシ君にかまっていると、ユキちゃんはマサシ君のことがものすごく好きなんだって思われちゃうよ」

「な、な、な、なにを言ってるんですかあ！」

ユキちゃんは、シートから腰を半分浮かせました。顔が急速にピンク色になりました。頑丈で攻めることが得意な人は、逆にたいてい、攻められることに弱いものです。打たれ弱いというやつです。あ、演出家もだいたいそうです。ふだん、偉そうな演出家ほど、そうです。

「どう？　お年寄りしか見ないドラマなんだけど、テレビの場合は、それでもいい？」

「……分かんないス」

マサシ君は淋しそうに言いました。その顔がなんだかとても切なくて、見ていてキュンとしました。この顔に、ユキちゃんもやられたのかもしれません。

「ちょっときつい言い方をするとね、『人気者』と『俳優』を取り違えちゃいけないよってことなんだ」

「『人気者』と『俳優』ですか？」

マサシ君は、まっすぐに僕の目を見て、聞きました。

「そう。テレビに出て、『人気者』になりたいっていうことと、『俳優』になりたいってことは違うんだよ」

「マサシは、『人気者』になりたいだけなんでしょ。あたし、分かるもん」

「そうか。やっぱり、ユキちゃんは、マサシ君のことが大好きなんだ」

「ふがっ」

ユキちゃんの鼻が変な音を出しました。

「……すみませんでした」

横でマサシ君が悲しそうな声を出しました。

「どうしてあやまるの？『俳優』になりたい動機が、『人気者』になりたいってことなのは、ふつうのことだよ。僕だって、もてたいと思ったから、作家とか演出家を目指したんだから」

「ほんとですかあ!?」

初めてマサシ君が大きな声を出しました。

「本当さ。もてたいから俳優になりたい。人気者になりたいから俳優になりたい。きれいな服が着られるから、おシャレできるから、いろんな場所に旅行に行けるから、お金がかせげるから、いい女・いい男をとっかえひっかえできるから、だから俳優になりたい。そう思うのは、当然のことさ。俳優になりたい動機として、少しも間違ってない」

「鴻上先生！」

ユキちゃんが、びっくりした声を出しました。

「先生じゃなくて、さん」

「鴻上……さん。いいんですか？　そんなこと言っていいんですか!?」

「どうして？　だって、本当のことだもん」

「私は違います」

ユキちゃんが、きっぱりと言いました。

「私は、なんていうか……お話が好きなんです。いろんなお話が好きで、いろんなキャラクターになるのが好きで……だから、俳優になりたいんです」

「うん。それも分かる。それも、ふつうの動機だ。その話もこれからする。でも、ここで大事なことはね、『人気者』になりたいという動機だけでは、『俳優』にはなれないってことなんだ。『俳優』が結果的に『人気者』になるかもしれない。でも、『人気者』が結果的に『俳優』になることはないんだ」

「ないんですか……？」

マサシ君が信じられないなあというふうに言いました。

「うん、そのことを説明する前に、俳優の仕事はテレビだけじゃないってことを言っておこう」

「舞台ってことですよね？」

ユキちゃんが楽しそうに言いました。

「それだけでもないんだ。俳優の仕事はもっとたくさんあるんだ」

俳優の仕事の種類

テレビの仕事

「マサシ君の知っているテレビがまずあるね。多くの人にとっては、俳優とはテレビに出る人だね。でも、テレビでも、いろいろと区分があるんだよ。プライムタイムと呼ばれる夜の七時から十一時までの連続ドラマに主に出ている人。二時間ドラマと呼ばれる単発のドラマによく出ている人。お昼の月曜から金曜までの昼帯ドラマに出ている人、ＮＨＫのドラマに主に出ている人。それから、テレビ局によって出る人も違っているね。視聴率って言葉は知ってるね。テレビ局はとても競争が激しくて、視聴率によって、テレビ局のイメージが上がったり下がったりするんだ。当然、イメージが上がった局に、みんな出たがる。たぶん、マサシ君がよく知っているドラマは、人気のある局のプライムタイムの連続ドラマだと思うね。ちがう？」

「……そうだと思います」

「テレビの中でも、『人気者』度は違うんだよね。人気のない局の人気のないドラマに出てしまうと、いくらテレビに出ても『人気者』にはなれないんだ。ＢＳやＣＳ、つまり「地上波」以外のテレビでももちろんドラマは作られてる。視聴率はそんなに高くないけどね。でも、そこでちゃんと仕事をすれば、『俳優』にはなれるんだ。ま、これは、後でゆっくり話そう。

声優の仕事

さて、テレビにはまだ、他にも俳優の仕事がある。マサシ君、分かるかね？」

「えっ……他にもですか……バラエティーですか？」

「そういう俳優さんもいるけど、演技の仕事で、まだあるだろう？」

「演技の仕事……」

「声だけの演技って言うと分かるかな？」

「ああっ、アニメだ！」

マサシ君が、思わず声を出しました。

「でも、それは『声優』さんの仕事じゃ……」

ユキちゃんがすぐに反応しました。

「うん、日本には、『声優』という特殊なジャンルがあるけれど、『声優』も僕は俳優だと思っているよ。それに、『声優』さんも俳優をやりたいはずだし、俳優が『声優』をすることも多いしね」

「スタジオジブリの宮崎駿《みやざきはやお》監督は、声優さんより俳優を使う傾向があります」

マサシ君が素早く言いました。

「そうだね。それから、声の演技は、アニメだけじゃない。洋画や海外ドラマの吹き替えも、俳優の大切な仕事だ」

「私、小学生の時、初めて映画館に入って、みんな英語をしゃべってるからびっくりした記憶があります」

ユキちゃんが、恥ずかしそうに言いました。

映画の仕事

「小学生で、字幕つきの映画を見に行ったんだ、すごいね。さて、テレビはこれぐらいにして、映画に行こう。マサシ君は映画は見る？」

「はい。映画館でもＤＶＤでも見ます」

「私はマサシよりたくさん見ます」

ユキちゃんが、横で得意そうに言いました。

「映画にも、区分があるのに気づいたかな。一般には、メジャー系と単館系と呼ばれている。メジャー系ってのは、全国の映画館百館以上で一斉に公開される映画のことなんだ。単館系というのは、東京や大阪など大都市で少数の映画館だけで公開される映画のことだ。一般的には、メジャー系は、娯楽作というかエンタテインメント色が強く、単館系はマニアックというかアートっぽいというか趣味が限定されているものが多い。どっちも、もちろん、映画だ。

俳優さんのなかには、映画にしか出なくて、テレビではコマーシャルしかやらないっていう人もいる」

「へえ……そうなんですか」

マサシ君が驚いたような声を出しました。

「これは日本だけじゃないね。アメリカなんかもっとはっきりしてる。映画にしか出ないことで、その俳優の価値を高めるっていう戦略なんだ」

「戦略？」

ユキちゃんがピクッと反応しました。

「もっとぶっちゃけて言うと、その俳優の『売り方』だ。『イメージ戦略』って言い方もあるね。だって、テレビはリモコンを押せばすぐに見られるだろう。タダの俳優だって、みんな思うじゃないか。でも、映画は、ネット配信やレンタルでもちゃんとお金を払わないといけないだろう。タダじゃ見られない俳優って思われることがその俳優のイメージを上げるんだ」

「なるほど……」

ユキちゃんが深くうなずきました。

「日本でも、単館系を中心に活動して、テレビにあんまり出ないって俳優さんがけっこういるね。昔は、メジャー系でも、テレビじゃなくて映画って人がけっこういた」

「高倉健《たかくらけん》さんとか渥美清《あつみきよし》さんですね！　『男はつらいよ』の寅《とら》さんをやった！」

「よく知ってるね。渡辺謙《わたなべけん》さんとか吉永小百合《よしながさゆり》さんなんかも、メジャー系の映画を中心にしている人だね。テレビ局の人たちは、みんな、ドラマに出てほしいと思ってるだろうね」

「え!?　テレビに出られるのに出ないんですか。どうしてテレビに出ないの？」

マサシ君が分からないというふうに言いました。

「それも、『俳優』という職業と関係があるみたいだから、後から話そう。さあ、駆け足で、俳優の他の仕事だ」

「いよいよ、舞台ですね」

ユキちゃんが、弾んだ声を出しました。

さまざまなメディアの仕事

「いや、まだまだ。ラジオドラマがある。ラジオでの朗読もある。ラジオというメディアも、俳優の大切な仕事なんだよ」

「ラジオドラマ……」

ユキちゃんがつぶやきながら、マサシ君を見ました。マサシ君もユキちゃんを見返しました。

「聞いたこと、ないか？　じゃあ、一度、聞いてみるといい。昔に比べてずいぶん減ったけど、今でも、ちゃんとラジオドラマは作られているんだよ。音だけでどんどんイメージが膨らむんだ。きっと、新鮮な体験になると思うよ」

二人は、小さくうなずきました。

「それから、テレビ、映画、ラジオというメディア以外に、最近は、ネットで見られるドラマがある」

「僕、スマホで見てます」

マサシ君が、楽しそうに言いました。

「『動画配信サービス』というやつだね。テレビ局並みに力を持って、ドラマを続々と作っている会社もある。テレビは見ないけど、ネットの動画ドラマを見ているという人は、これからますます増えるだろうね」

マサシ君がうなずきました。

「ネットシネマにも、それこそ、テレビで有名な俳優さんが続々と出始めているんだ。それから、さらに、ビデオやDVDだけで発売されるドラマもある。テレビと映画の中間だと言えるね」

「たくさんあるんですね」

ユキちゃんがびっくりしたように言いました。

舞台の仕事

「それから、舞台だ。でも、舞台も、いろんな種類がある。ミュージカルもあれば、パントマイムも人形劇も歌舞伎もある。ストリート・パフォーマンスと呼ばれる〝訓練された技〟を見せるものもある」

「じゃあ、普通のおしばいはなんて言うんですか？」

マサシ君が不思議そうに聞きました。

「なにが普通かは分からないけれど、たいていは、『ストレート・プレイ』って呼ばれてるね。まあ、これは、アメリカやイギリスの言葉だけどね」

「鴻上せん……さんは、小劇場じゃないんですか？」

ユキちゃんが、「知ってるんだから」という風に聞きました。

「うん。それは、劇場の大きさから分類された言葉だ。アメリカにも『オフ・ブロードウェイ』という言い方があるんだ。でも、その話はとっても特殊になるから、今は関係ない。でね、こうやってメディアごとに俳優の仕事を説明しているのは、俳優の仕事がそれぞれのメディアごとに、変わるからなんだ」

「変わるんですか!?」

ユキちゃんがすっとんきょうな声を上げました。

「変わる。ただし、基本は変わらない。でも、基本以外のさまざまなことは変わる。

たとえば、テレビだけしかやったことのない俳優さんが初めて舞台に出ると、いろいろと戸惑《とまど》うし分からないことも出て来る。その逆ももちろんある。舞台しかやったことのない人がテレビに出ると、最初はいろいろとうまくいかないことが多い。だから分類しているんだけど、もうひとつ、『コマーシャル』というジャンルもある」

コマーシャルの仕事

「コマーシャル……」

マサシ君がつぶやきました。

「コマーシャルの仕事は、俳優の仕事としては、特殊なんだ。でも、大切な仕事だ。これもちょっと覚えておいてほしい。

さて、俳優の仕事をメディアごとに、一応、分類した。これらのメディア全部に通じる、俳優の仕事とはなんだと思う？」

「ちょ、ちょっと待ってください。私、ノート、持ってきます！」

ユキちゃんが、思わず、立ち上がりました。

「じゃあ、ちょっと休憩」

と、言おうとした時には、もうユキちゃんはいませんでした。

マサシ君と目が合いました。

「……すみません」

マサシ君は、ちいさく頭をぺこりと下げました。

「なにが？」

僕は思わず聞き返しました。

「あれでも、いい奴なんです。ただ、エネルギーが人よりかなり多めなだけなんです」

マサシ君は小さく微笑《ほほえ》みました。素敵な笑顔でした。僕もつられて微笑み返しました。窓の外は、夕暮れの田園風景が続いていました。

もうすぐ盛岡《もりおか》だという車内アナウンスが流れました。

＊

「さあ、これらのメディア全部に共通する俳優の仕事とはなんだろう？」

ノートを構えたユキちゃんと、ノートを一枚破ってもらったマサシ君の前で、僕は同じ質問をもう一度、繰り返しました。

「だから……セリフを覚えて……衣裳《いしょう》を着て……」

ユキちゃんの言葉にマサシ君が割り込みました。

「アニメの声をやる時は、衣裳なんて着ないよ」

「だから……セリフを覚えて……役になって……そうです！　役になるんです！　それが俳優の仕事なんです！」

ユキちゃんが叫びました。

「うん。役になるってのは、もっと、具体的に言うとどういうことだろう？」

「えっ……だから、セリフを覚えて……」

「さっき言ってたでしょう。それにさ、アニメの声とかラジオドラマとか、セリフは覚えないんじゃないかなあ。台本持って読むんだと思うんだけど。そういう風景、テレビで見たことあるし……」

マサシ君が、冷静に言いました。

「じゃあ、あんたが言いなさいよ。俳優の仕事ってなによ!?」

ユキちゃんが、ちょっとむっとして言いました。

「僕は分からないよ。だから、聞いてるんじゃないか。そうですよねえ」

マサシ君が、僕に向かって微笑みました。

「で、なんなんですか？　教えてください」

　そのまま、マサシ君は、少し照れながら言いました。なかなかいい笑顔だと、僕はまた思いました。この笑顔で頼まれて、断れる人はちょっといないだろう……。

「そう素直に聞かれたら、言うしかないね。いろんなメディアに共通した俳優の仕事はね、一口で言うと、『作者の言葉を、観客や視聴者に伝えること』なんだと思うんだ」

「作者の言葉を、観客や視聴者に伝えること……」

　ユキちゃんが、もう一度、繰り返しました。

「もう少し、詳しく説明して下さい」

　マサシ君が言いました。

「うん。ラジオを聞いている人は、正確には、視聴者じゃなくて聴取者と言うんだ。英語でリスナーって言い方もあるね。だから、とにかく、作者の言葉をそのメディアの受け手に届けるってことだね。

　でね、『作者の言葉を、観客や視聴者に伝えること』ってことは、伝えるものは『俳優自身』じゃなくて、『作者の言葉』なんだってことなんだ」

「『俳優自身』じゃなくて、『作者の言葉』……」

　マサシ君がゆっくりと繰り返しました。

僕はマサシ君の目を見ながら、

「『作者の言葉』を効果的に伝えるために、俳優は、『役』を演じるんだ。つまり、『役』を演じるとは、『俳優自身』を見せることじゃなくて、『作者の言葉』をちゃんと伝えることなんだ。そして、『役』をうまく演じられれば演じられるほど、『作者の言葉』は、観客に確実に深く効果的に伝わるんだ」

「でも、俳優本人が見たいって人が多いでしょう。来日する人気の俳優が見たいって、大勢の人が成田空港に集まったりするじゃないですか」

マサシ君が、納得できないという声で言いました。

「うん。海外のスターを見たいって、たしかに熱狂的な人が集まるよね。でもね、そのきっかけは、やっぱり、『役』なんだと思うよ。あるドラマの『役』が、深く、確実に観客の心を動かしたから、人々は空港に集まるんだ。もし、ドラマじゃなくて、トーク番組やバラエティー番組に出ただけだとしたら、ハンサムだからそれなりの数の人は注目したかもしれないけど、それほどの人は集まらなかったと思うよ」

「そうですか……」

マサシ君が、まだ納得できないという声で言いました。

「もちろん、『作者の言葉』じゃなくて、『俳優自身』を熱心に伝えようとする俳優さんはいる。『役』を演じるんじゃなくて、『自分自身』を見せようと思っている俳優さんだ。でもね、それはつまり、いつも『自分自身』を観客の前にさらしているということなんだ。そういう人は、どんな役をしてもいつも同じように見える。役によっての違いが感じられないんだ。その俳優さんの熱心なファンは喜ぶかもしれないけれど、多くの観客は、また同じだからつまんないと感じるだろう。熱心なファンの人たちも、ずっと同じだから、やがて飽《あ》きてくる」

「あっ……」

マサシ君が、声を上げました。

「飽きられたら、どうなるんですか？」

「その答えは、マサシ君自身が知ってるだろう。テレビでいつも同じ演技をしている人を見て、どう思うんだい？」

「……だんだんその俳優さんに興味がなくなって、その俳優さんの出ているドラマは、見たくなくなります」

「そうだと思う。それが、素直な観客の反応だ。俳優を職業としたいのなら、そう思われたら終わりなんだ。観客は、飽きるものだからね」

「なるほど……」

ユキちゃんがノートに何か書き始めました。

「だから、『俳優自身』ではなく『作者の言葉』を伝えようとすることは、俳優の基本的な仕事なんだけど、同時に、俳優自身が長く俳優を続けるための、とても大切なことでもあるんだ」

マサシ君も、メモを始めました。

「でもね、飽きられないことが目標じゃないんだ。それは、誤解しないでほしい。俳優の目標は、『作者の言葉』を深く確実に観客に伝えることなんだ。つまり、いい演技をすることなんだ。飽きられないことが目的じゃない」

「あの、『作者の言葉』をちゃんと伝えるって、つまり、セリフをはっきり言うってことですか？」

ペンを持ったまま、マサシ君が聞きました。

「なに言ってるの！　違うでしょう。『作者の言葉』をちゃんと伝えるってのは……だから……鴻上先生、さん！」

ユキちゃんが、まっすぐに僕の顔を見ました。知りたいというエネルギーが集まってキラキラと輝く瞳でした。この馬力を向けられて、断れる人はちょっといないだろう……。

「うん、それは、つまり、演技とは何かってことだよね。その話をしよう。ただ、その前に、なにか飲み物を買ってくるよ。お茶かなんか。車内販売の人がどっかにいるはずだから」

「あたしが行ってきます！」

「じゃあ、お茶を」と声をかけようとした時には、ユキちゃんはもう見えなくなっていました。

僕はマサシ君と目が合いました。

暴れ馬みたいでしょう、とでも言いたげに、マサシ君は、やれやれと首を振りました。

僕は少し笑って、窓の外に目をやりました。東北の夕暮れは、赤く染まっていました。

仙台《せんだい》まではもう少しです。

第二章　演技ってなんだろう?

台本をもらったら

マサシ君はゆっくりと、ユキちゃんはガブガブとペットボトルのお茶を飲んだ後、同時に僕を見つめました。僕は、もう一度、ペットボトルに口をつけた後、話し始めました。

「演技はまず、『台本』から始まるよね。『脚本』とか『シナリオ』・『戯曲』って言い方もされるけど、つまりは、『作者の言葉』が書かれた本だ。すべてはここから始まる。それは、テレビでも舞台でもどんなメディアでも同じだ。じゃあ、俳優として、『台本』をもらったらどうする?」

「ええと……自分の役のセリフに蛍光《けいこう》ペンで線を引きます」

マサシ君が言いました。

「それで?」

「それで……セリフを覚えます」

「それで？」

「それで……実際に動きます」

「それで？」

「それで……」

「……それだけです」

マサシ君は、ユキちゃんをちらりと見ました。

「他にないの？」

「ええと……」

「演出家の指示を聞くでしょう？　それで、演技をなおすじゃないの」

「あ、うん」

ユキちゃんの言葉に、マサシ君はうなずきました。

「……あと、セリフを他の人とやりとりして、演技がまた変わります」

「それだけ？　自分の役に対しては、ただ、セリフを覚えるだけかな？」

マサシ君はユキちゃんを見ました。ユキちゃんは、僕を見ました。

「じゃあ、まず、自分の役にどうやってアプローチしたらいいか、整理してみよう。

演技をどうやって始めるかだ。

4つのW

Who——自分とは誰か？

いいかい、台本をもらったら、

❶自分とは誰か？

ということを、まず調べる。

自分の役の名前、年齢、性格、夢・野望、経験、職業、学歴、家族構成、感情のタイプ、友達・恋人がいるかどうか、まだまだいろいろあるね。自分の役について深く分かれば分かるほど、演技に集中することができるので、緊張しなくなるんだ」

マサシ君の顔が、パッと変わりました。

「緊張しなくなるんですか？」

「そう。演技の時、普通は緊張するよね。とってもあがる。それは、人間の当り前の反応なんだ。でも、緊張していては、ちゃんとした演技はできない。だから、緊張しないための方法を見つけないといけない。その方法は二つあるんだ。そのひとつが、『4つのW』に集中することなんだ」

「『4つのW』……」

「ユキちゃんも知ってるだろう。When、Where、Who、Whatの4つ」

「『いつ、どこで、だれが、なにを』ってやつですね。知ってます」

「そう。まず、❶**自分とは誰か？**　ってのは、Who（だれが）ってことを調べるということなんだ。自分がやる役は、怒りっぽいのか優しいのか、勇敢なのか臆病なのか、兄弟・姉妹はいるのか、親はどういう人なのか、どんな友達がいるのか、恋人はいるのか、それによって、セリフの言い方は変わると思わないかい？」

二人は、「ほおっ」という顔をしました。

「❶**自分とは誰か？**　を調べるためには、まず、

(A)　自分のセリフ全部から、自分に関する情報を書き出す

っていう方法が有効だね。『親が厳しかった』とか『小さい頃は友達がいなかった』とか、自分のセリフの中から、自分に関する言葉をノートに書いていくと、自分の役が、だんだんと見えてくるんだ。そして、次に、

(B)　他人のセリフから、自分に関する情報を書き出す

ってことをするんだ。『あいつは、すぐに怒るから嫌だ』とか『親が離婚している』とか、他人のセリフの中で、君の役に関して言ってることを書き出す。これで、

君の役に対する情報は、どんどん増える。

それによって、君の役が、どんどん、具体的にイメージしやすくなる」

「なるほど……」

ユキちゃんがうなずきました。

Ｗｈｅｒｅ――ここはどこか？

「次に、❷残りの３Ｗを調べる。

まず、Ｗｈｅｒｅ（どこ）だ。

自分の役が生活している（関係している）場所は、どこなのか？

具体的に、どこの国なのか、どんな街なのか、田舎なのか、大都会なのか、地方都市なのか、大きい街なのか小さい町なのか。だって、住んでいる場所で、人の気持ちは変わるだろう。同じ高校生の役でも、どんな街に住んでいるのかで、セリフの言い方は微妙に変わると思うんだ。転校した経験があるなら、村に住んでる気持ちと、人口何十万の大きな街に住む気持ちが違うってことが分かるんじゃないかな？」

「僕、分かります。小学校の途中まで、小さな町だったんです。そこから、大きな街に引っ越したんです。びっくりしました」

マサシ君が、応えました。

「うん。それから、ストーリーによっては、どんな家に住んでいるのかが関係する場合もあるね。マンションなのか、団地なのか、一軒家なのか。『家じゃあ、大きな声なんか出せないですよ』っていうセリフがあったとしたら、自分の住んでいる家がどんなのか分からないと言えないだろう。自分専用の個室があるのか、隣の部屋は誰なのか、そういうことも関係してくるよね」

「それは、台本に書いてることですか？」

ユキちゃんが、遠慮がちに聞きました。

「うん。いい質問だ。じつは、この『4つのW』は、台本に全部書いてない方が多い。『家じゃあ、大きな声なんか出せないですよ』って言いながら、ストーリーに出てくる場所は学校だけ、なんてことは普通にある」

「だったら、」

「だから、台本の情報を元に、想像するんだ」

「想像するんですか!?」

マサシ君が、びっくりした声を出しました。

「うん。もちろん、俳優が一人だけでやるわけじゃない。だから、演出家とかディレクターとか監督がいるんだ。俳優と演出家は、相談しながら想像するんだ」

マサシ君が、おもわずユキちゃんの方を見ました。ユキちゃんが、マサシ君の背中をドンッと叩きました。

「台本は、小説と比べると、情報量がじつは少ないんだ。小説だと、びっしりと書き込めるんだ。家にたとえると、小説は、家具や壁紙までびっしりと描写している。でも、台本は、骨組みだけの家なんだ。重要な骨組みだけが書かれていて、あとは俳優と演出家やディレクターが相談して決めるんだ。

だって、小説だと、登場人物の髪形とかファッションまで普通に描写してるだろう。だけど、台本でそんなことまでしてるのは少ない。ほとんどないと言っていい。台本でそんなことをしてたら、ものすごく長い作品になってしまうからね。だから、決めるんだ。それが、台本というものの魅力でもあるんだ」

「魅力？」

マサシ君が、分からないという声を出しました。

「そう。台本は、監督と俳優が参加して、初めて完成するんだ。小説は、書かれた時点で完成しているだろ。でも、台本は、それだけでは完成してないんだ。作品を上演・放送・公開・配信・発売するためには、台本の『4つのW』を想像力で詳しく決めた上で、演技しないといけないんだ。つまり、僕達は、小説には参加できないけど、台本には参加できるんだよ」

マサシ君とユキちゃんは、同時にうなずきました。

「さあ、話を続けよう。『家で大きな声なんか出せないですよ』っていうセリフで話を続けようか。どんな場合のセリフだと思う？　今、物語を作ってみようか、ユキちゃん」

ユキちゃんは、ちょっと身構えました。

「……演劇部で、厳しい先輩に対して、後輩が言ったセリフっていうのはどうでしょう？　後輩は、小さな声でブツブツ言う練習しかしてないから、セリフは大きな声で練習しないといけないって先輩が文句言って……だから、家でも大きな声で言えって言われて、それに対して、後輩が、『家で大きな声なんか出せないですよ』って言ったんじゃないですか……だめかな？」

「素晴らしい。満点だと思うよ」

ユキちゃんは嬉しそうにマサシ君を見ました。

「じゃあ、マサシ君がその後輩の役で、このセリフを言うとしたら、自分、つまり後輩が住んでいる家がどんな家か分かっている方が言いやすくないかい？」

「えっ……そうですね。そういう気もします」

「うん。じつは、本当は、自分の家がどんな家か分かってないと、心からは言えないと思うんだ。団地なのかアパートなのか一戸建てなのか、兄弟がいるのか、一人部屋なのか、防音は効いているのか、それは、君のセリフの言い方に微妙に影響すると思う」

ユキちゃんが、何か言いたそうな顔をしました。

「もちろん、このセリフは、まず、『先輩に対してどう思っているのか？』とか、『練習は楽しいのか？』とか『後輩は練習が好きなのか？』とか、そういう基本的な気持ちがはっきりしてないと言えないセリフだと思う」

「先輩のことが大嫌いだったら、家はあんまり関係ないかもしれないんじゃ……」

「ユキちゃんは、鋭いね。うん。もし、その先輩のことが大嫌いなら、この『家で大きな声なんか出せないですよ』ってセリフは、ただの抗議・怒りの言葉になるから、あんまり、家の大きさは関係ない。初めから断ることが前提だからね。でも、通常の人間関係なら、先輩の言うことも分かるけど、でも、家では……って気持ちになると思うんだ」

「話すつもりがある場合はそうですね」

ユキちゃんが言いました。

「うん。その場合は、このセリフは、自分がどんな家に住んでいるのか関係してくるんだ。で、ほぼ間違いなく、その台本には、君がどんな家に住んでいるのかは書いてないと思う。だから決めるんだ」

「でも、書いてないんだから、どうにでも決められると思うんです。私がいつも悩むのはそこなんです」

ユキちゃんが、強く言いました。

「うん。それは、『テーマ』に関係する話だから、後から言うね。今は、演技にアプローチする順番だ。

Ｗｈｅｎ――今、いつなのか？

Ｗｈｅｒｅの次は、Ｗｈｅｎ（いつ）だ。

自分の役が生きてる（関係している）時間は、いつなのか調べるということだ。

まさに今なのか、十年前なのか、何月なのか、何曜日なのか、何時なのか。

『家で大きな声なんか出せないですよ』というセリフはいつ言ったのか。十年前の設定じゃなくて、今、つまり現在、言ったとしても、それが夏なのか冬なのかで、気持ちは変わると思わないかい？　だって、家で練習するにしても、窓を開け放っている季節なのか、ぴたっと閉じている季節なのかで、声の出しやすさは変わってくると思うんだ。

もっと細かく言うと、放課後、先輩に言ったのか、昼休みに呼び出されて言ったのか、朝の時間に言ったのか、によっても変わるはずだ。同じ放課後でも、月曜の放課後と金曜の放課後だと、気持ちは違うだろう。月曜の、なんか重い感じと、金曜のちょっとウキウキした感じの違いだ」

「なるほど……」

マサシ君が、しみじみと言いました。

「たいてい、その言葉を何曜日に言ったのか、なんて台本には書いてないんだよ。でもさ、月曜の感じと金曜の感じって、絶対に違うと思わないか？」

「はい、よく分かります」

今度は、ユキちゃんがしみじみ言いました。

Ｗｈａｔ――なにが起こっているのか？

「そして、Ｗｈａｔ（なにが）だ。

そのセリフを言っている、まさにその瞬間、なにが起こっているのか？　というとだ。これから何が起こるのかと勘違いする人が多いんだけど、今、まさに何が起こっているのか、ということが大切なんだ」

　ユキちゃんが、分からないという顔をしました。

「二つの違いを言うね。たとえば、先輩に『家で大きな声なんか出せないですよ』と言ったことで、先輩が怒りだして、やがて、君を突き飛ばすというストーリーだとするよね。この場合、これから起こることは、『先輩がやがて、君を突き飛ばす』だ。でも、今、起こっていることは、『先輩の要求に無理だと答えている』ということだ。演技は、これから先に起こることを演じることはできない。先輩がやがて君を突き飛ばすとしても、君は今、先輩の要求に答えるだけなんだ。そこで、やがて突き飛ばされるからと、身構えてはいけない」

「それはもちろん、そうです」

　ユキちゃんが当然のように言いました。

「うん。ところが気をつけないと、やがて死んでしまうという設定のカップルが出会った時に、もう、涙ぐんでいるカップル役の俳優さんがいたりする。これから、二人は死ぬと知っているから、演技が全部、湿っぽくなってるんだ。

やがて仲間になる、なんて相手との会話も、今、この瞬間は、『こいつを許さない』という怒りの会話のはずなのに、すぐに受け入れるような匂いを出す人もいる。これも気をつけないといけない」

「あ、なんか分かる気がします」

マサシ君がメモを取りながら応えました。

*

「この『4つのW』をはっきりと意識すると、緊張はだんだんとけていく。観客を気にする前に、『4つのW』を意識することが大切なんだ。

あがるということは、観客を気にするということで、それはつまり、うまくやろうと思ってしまうということなんだ。『うまくやろう』と思ったら、どんな人でも緊張する。でも、セリフを言う瞬間、(僕も大きな声で練習したいんだけど、でも、うち、狭いし、大きな声は出せないし、そんなことしたら、妹が絶対に笑うだろうし、やっぱり、先輩に思い切って言おう……)と役の自分になって考えて、『家で大きな声なんか出せないですよ』と言ったとしたら、役じゃなくて俳優自身として『うまくやろう』なんて考えてる時間はなくなるだろう。その瞬間、自分のことじゃなくて、役になった自分のことを考えてるわけだからね。つまり、緊張する時間がなくなるってことは、緊張しなくなるってことなんだ。当然だろ？」

　マサシ君が、深いため息をつきました。

「どうしたの？」

「いえ、このことを全国大会の前に知りたかったです」

「大丈夫。人生、これからよ！」

　ユキちゃんが、マサシ君の背中をドンッと叩きました。痛そうでした。

「君達は真面目《まじめ》そうだから、あえて言っておくけど、この『4つのW』は、お勉強のようにいつも全部を詳しく決めないといけないってことじゃないからね。つまり、このセリフは、何曜日の何時何分に言ったか決められないから演技ができないってことじゃない。自分の役の年齢があいまいだから、自分が分からないってことでもない。あくまで、君の演技が、心から自然にできるようにするための手がかりとして『4つのW』を決めた方がいいってことなんだ。だから、場合によっては、決めなくていいこともたくさんある。でも、逆に言うと、どうしても理解できない役だったのに、『子供の頃、海外に住んでいたって決めたらどうだろう？』とか『小学校の時に、ものすごくいじめられてたとしたら？』って、いろんな要素を決めることで、急に役が身近に感じられるようになることもあるんだ。

それから、この『4つのW』は、台本の設定と矛盾《むじゅん》するものではいけない。時々、どんどん、自分達で『4つのW』を決めて、台本の設定を無視してしまう人達が出てくる。『4つのW』は、あくまで、台本から想像できる範囲なんだ。

『家で大きな声なんか出せないですよ』と返事している後輩が、じつは大きな劇団の座長の子供で、家で大きな声で練習していたら、座長である父親に演技をなおされてしまい、それが嫌で大きな声を出さない、なんていう強引な設定は、台本に、そのヒントがまったくない限り、やらない方がいいってことなんだ」

「でも、なんだか、面白そうな設定ですね」

「面白そうでも、台本から自然に想像できる範囲じゃないとダメなの」

ユキちゃんは、ちょっと残念そうな顔をしました。

演じるのは「動機」ではなく「目的」

「さて、❷の『4つのW』を決めた後、役への次のアプローチは、

❸自分の具体的な目的をはっきりさせる　ということだ。

　よくできた台本には、必ず、『今、自分は何がしたいのか？』ということが書き込まれている。具体的にだよ。『家で大きな声なんか出せないですよ』と返事している後輩の目的は、具体的にはなんだろう、マサシ君」

「えっ……だから、やりたくないってことです」

「だから、具体的な目的は？」

「具体的な目的は……だから、やだってことで……」

「断りたいってことですか？」

　ユキちゃんが横から言いました。

「うん。具体的には、『先輩の提案を断りたい』ということだと言えるね。ひょっとしたら、『この場所からとにかく逃げ出したい』かもしれない。これらは、具体的な目的だ。例えば、『分かってほしい』とか『私はかなしいということを伝えたい』なんていう抽象《ちゅうしょう》的な目的じゃない」

「……よく分かりません」

　マサシ君が、小さく言いました。

「よし。じゃあ、一番、分かりやすい例を出そう。演劇部でキャンプに行ったというストーリーを演じる場合だ。『4つのW』をまず決めるね。いつ、どこに、キャンプに行ったのか。今、まさに何をしているのか。で、次になんと、熊が出てきたんだ」

「熊ですか？　熊ってのは……」

ユキちゃんが困ったように言いました。

「いいの。とにかく出てきたの。熊が想像しにくかったら、イノシシとかバッファローとかハブとか、とにかく危険なものが出てきたの。マサシ君はその時、どんな演技をする？」

「どんなって……怖がりますね」

「それから？」

「それから？　それからって、だから怖がるんですよ。熊って怖いでしょう」

「怖がるだけ？　それだけ？」

「えっ？　喜ぶんですか？　いや、ボクには無理ッス」

「逃げるんでしょう」

横から、ユキちゃんが呆《あき》れたように言いました。

「えっ？　そう、そうです。逃げます」

「どんなふうに？」

「どんなふうって……まあ、必死ですね」

「ちょっと想像してみて。どう、逃げる？」

「想像ですか……」

マサシ君は、ちょっと目を閉じました。

ユキちゃんも、目を閉じました。

マサシ君は目を閉じたまま、

「……高い木を探すかもしれません。そこまで、もし、顧問の先生の車とか小型バスで来てたら、そこに向かって走りますね」

「近くに山小屋とかないんですか？」

ユキちゃんが付け足しました。

「あったら、その玄関まで走ります」

「そうだ。今、二人が言ったのは、とても具体的なことだ。熊が出た時、人は、怖いと思う。そして、逃げようとする。怖いというのは、『動機』だ。熊が出たから怖い、逃げたい、それが『動機』だ。

逃げて、あの木に登ろうとか、車や建物の中に入りたいとかは『目的』だ。

ちょっと難しい言い方をするとね、『動機』は過去からの見方だ。『目的』は未来だ。

演技は、『目的』を演じるものなんだ。『動機』そのものを演じようとすることは、演技をとてもつまらないものにするんだ。

だって、想像してみてよ。熊が出たって演技の時、『動機』だけを演じるってことは、『あー、熊だー！ 怖いぞー！ とっても怖いぞー！』って、熊の周りをウロウロすることだろう。そんなことって、ふつう、ありえないだろう」

「マヌケッす」

マサシ君がおかしそうに言いました。

「熊が出た。怖い。これが『動機』だね。だから、逃げようとする。具体的にだ。例えば、近くに停めてある車に向かって走る。あの車のドアを開けよう。そうやって走る。そういう具体的な『目的』なら、演技をすることができる」

「具体的じゃない『目的』ってあるんですか？」

「ユキちゃん、それも鋭い質問だ。この場合、抽象的な目的は、『熊から助かりたい』とか『熊をやっつけたい』とかだ。助かりたいから具体的に何をするのかってことしか演技はできない。演出家から、『熊から助かりたいっていう演技をして下さい』って言われたら、結局、具体的に何かしないと演技はできないだろう。演技を始めたばかりの人は、とにかく演技をムードでやろうとする傾向があるんだ」

「ムード？」

マサシ君が不思議そうに聞きました。

「熊が出たから『死にたくない』っていう大きな気持ちや、抽象的な『逃げたい』という目的を、漠然《ばくぜん》と演じようとする傾向のことだ。なんとなく悲しいとか、なんとなくつらいとか、なんとなく逃げてるとか、抽象的で漠然とした感情や目的を表そうとすること、それがムードで演じるってことなんだ。ムードで演じると、演技がよくあるパターンの、平凡でつまらないものになってしまう」

「平凡ですか……」

ユキちゃんがつぶやきました。

「でも、熊から逃げて助かりたいから『あの車のドアを開けたい』っていう具体的な目的は、演技を生き生きと魅力的なものにする。

だから、自分の役は、今、具体的に何をしたいのかを明確にする必要があるんだ。

ちなみに、熊が出るまでは、『おいしいゴハンを作るために火をおこしたい』とか『あの子と会話したい』とか『川に水をくみに行かなければいけない』とか、具体的な目的が明確にないと、そのシーンはつまらないものになってしまうんだ。ただ、

『キャンプの喜びを感じたい』とか『とっても楽しい』なんていうあいまいな目的やムードだと、そのシーンは、だらけた、つまらないシーンになってしまう。

だからね、じつは、物語で、展開が止まったなとか、面白くなくなってきたなとか、話の速度が落ちたなとか感じる場合は、登場人物の目的が明確でなくなったり、具体的な目的がなくなったりした場合が多いんだ。今イチな本には、そういうシーンが必ずある。登場人物が具体的な目的を失くしてしまったシーンだ」

「でも、キャンプを楽しみたいっていう目的はあるわけでしょう。キャンプを通じて、演劇部の親睦《しんぼく》をはかりたいっていう目的はあると思うんです」

「もちろんだ、ユキちゃん。それは、大きな目的だね。でも、ストーリーと演技を面白くするためには、それだけでは不十分なんだ。ストーリーを進め、演技を面白くするためには、具体的な目的が必要なんだ。そして、具体的な目的は、ストーリーが進んで行く中で、変わっていくことが多い。大きな目的は最初から最後まで同じっていう場合でも、具体的な目的が変わることは普通にある。RPGゲームの『竜に誘拐されたお姫さまを助けたい』ってのは、大きな目的だ。でも、こいつ（中ボス）を倒したいとか謎を解きたいとか、具体的な目的は、そのたびに変わるんだ」

「なるほど」

マサシ君が深くうなずきました。

「抽象的な目的は演じられない。『地球を救いたい』なんて目的は演じられない。演じてみろと言われたら、すぐに分かるよ。『地球を救いたい』から、『落ちてるタバコの吸殻を集める』とか『地球環境を破壊している工場を爆破するために爆弾を作る』なんてことは演じられる。具体的だからね。だから、自分の役は、何を具体的にしたいのか、しなければいけないのか、する必要があるのか、を常に明確にする。そして、明確にしたことを演じる。それが、演技へのアプローチの三番目だ」

「葛藤《かっとう》」の大切さ

「そして、四番目は、

❹目的をじゃまするものを見つける。

いい台本なら、必ず、君の目的をじゃまするものを書いている。だって、熊が出てきて、すぐに車の中や家の中に入れて助かったとしたら、面白くもなんともないだろう。ちょっと難しい言葉で言うと、『葛藤《かっとう》』がまったくないことになるんだ。ドラマがないんだ。

ドラマは、こうしたいという目的と、それをじゃまするものとの対立（葛藤）から起こる。

熊が出た、走る、木に登る。助かるかと思った一瞬、枝が折れて、地面に叩きつけられる。必死で走る。車の前までくる。ドアを開けようとしたら、カギがかかっている。と、顧問の先生が、カギをこっちに投げようとしているのが見える。カギを投げる顧問の先生。が、カギは届かず、熊の後ろに落ちる。山小屋に向かって走る。ドアを開けてすぐに飛び込む。助かった！　その瞬間、熊はドアに体当たりして、ドアは吹っ飛ぶ……」

「なんだか、ハリウッド映画みたいですね」

ユキちゃんが、思わず言いました。

「そうなんだ。ハリウッド映画は、この『目的』と『じゃまするもの』のオンパレードなんだ。何かを手に入れたい、誰かを助け出したい＝『目的』。でも、悪者が厳重にガードしている＝『じゃまするもの』。そんなパターンは、やまほどある。

ハリウッド映画は『目的』と『じゃまするもの』がとても分かりやすいから、多くの国で大ヒットするんだ。もちろん、単純すぎる組み合わせもたくさんあるんだけど、とにかく、どんな『目的』と『じゃまするもの』をもってくるかは、作者のセンスで、よくできた作品には、まちがいなく、この対立がちゃんとある。それを、見抜くことが大切なんだ。そして、これが、緊張をなくす二番目の方法なんだ」

「これが、ですか……」

「そうだ、マサシ君。熊が出た時の『目的』と『じゃまするもの』を聞いていて、どう思った？」

「大変だなあと思いました。木に登って枝が折れて、車に走ってカギがなくてって想像したら、ちょっとドキドキしました」

「そうなんだ。『目的』と『じゃまするもの』をちゃんと集中して想像すると、たいてい、ドキドキするんだ。ドキドキして、その状況にますます引き込まれていく。緊張している場合じゃなくなるだろう」

マサシ君が、ああっという顔をしました。

「すぐに木に登れたり、簡単に車の中に入れたりする演技だと、自意識が出てくる。うまくやらないといけないって気持ちにもなる。だから、あがる。でも、『じゃまするもの』がちゃんとあると、観客を意識している場合じゃなくなるんだ」

「そうです。本当にそうです」

ユキちゃんが、感動したように言いました。

「最初の例に戻ると、『家で大きな声なんか出せないですよ』と後輩が応えて、先輩がすぐに、『そうだよなあ。言った俺が悪かった。それじゃあ』と言って去っていったら、『じゃまするもの』はなにもないことになる。この場合は、うまく演じようという意識が出てくる。だけど、先輩が強引な人で、『なんだと？　先輩の言うことが聞けないのか？』って文句を言い出すと、『じゃまするもの』になるんだ。別の場合もあるね。後輩は、本当は家で大きな声を出して練習したいんだけど、じつは、家は狭いアパートで寝たきりの病人がいたりする場合だ。昨日は公園で大きな声で練習していて、近くの家の人に怒鳴られた経験があるって付け加えてもいい。出したいのに、出せない。これも、葛藤、ドラマだ。分かるかな？」

二人は、うなずきました。

「さあ、そして、役へのアプローチの最後だ。それは、

❺葛藤を行動に表す

ということだ」

「行動ですか？」

ユキちゃんが、意外な声を出しました。

「そうだ。『目的』は分かった。『じゃまするもの』も分かった。そしたら、それを、

行動に移すんだ。黙ったまま、心の中でじっと耐えたり、怒ったりするだけでは、魅力的な演技にはならないんだ。例えば、強引な先輩に『なんだと？　先輩の言うことが聞けないのか？』って言われた時に、『…………』としか台本に書かれてないとする。

そういう場合、動かないで、ただじっと黙って我慢することもできる。だけど、なんとか言おうとして、口を開き、手を動かし、でも、結果的に黙っている、ということもできる。どっちが観客に、より訴えると思う？」

「僕は、じっと動かないで黙っている方が好きです」

マサシ君が言いました。

「なるほど。じゃあ、そのあと、先輩がいなくなって、一人、部室に残された時は？　その時も、じっと動かないで黙っていた方がいいかな？」

「セリフはないんですか？」

「ないっていう設定だったらどうだろう？　ただ一人、残された場合」

「その時は……やっぱり、悔しさを体で表現した方がいいと思います。そうだよね」

「あたしなら、最初から動くけどね」

ユキちゃんが、にやりとしました。

「どこで動くかは、もちろん、演出家やディレクターと俳優の相談だ。でも、なるべく、動いた方が素敵な演技になる可能性がある。ここで大事なことは、『葛藤からの動き』と『ただの動き』を区別することなんだ。たとえば、一人残された部室で、先輩への怒りのあまり、壁を蹴《け》ったり、机を叩いたりしながらセリフを大声で言い出したとしたら、それは、『葛藤からの動き』だ。でも、ただ、部室の掃除《そうじ》当番で、一人でゴミを捨てたり、ホウキで床をはいたりしてたら、それは、『ただの動き』なんだ。葛藤はないからね。

葛藤から生まれる動きを、演技にできたら、それは生き生きとした素敵なものになる。よく、芝居で『ただうろうろと歩いている人』を見るだろう。あんまり効果的じゃないのは、それが、『ただの動き』になっているからなんだ。演技は、行動で表現できたら、とても素敵で魅力的なものになる。が、それは、ただ動くこととは違うんだ」

「もうちょっと、『葛藤からの動き』と『ただの動き』を説明してくれませんか?」

ユキちゃんがノートをめくりながら言いました。

「うん。例えば、デートの時にどんな服を着ようかと、いろいろ悩んで着替えるのは、『葛藤からの動き』だ。何を着ても、似合うように見えなくて、髪形も決まらなくて、さんざん、とっかえひっかえするのは、葛藤の表われだ。でも、ただ服を着て、髪をセットしながら、例えば、今度の芝居のセリフをぶつぶつと言っているのは、『ただの動き』なんだ。そこには、葛藤はないだろう。演技をしながら、葛藤と関係のない動きを入れてしまうことは、よくあることなんだ」

「なるほど。わかったような気がします」

ユキちゃんが答えました。

役への5つのアプローチ法まとめ

「さあ、整理するぜ。台本をもらって、役にアプローチするためには、台本を読みながら、次のことを順番に明確にしていく。

❶自分とは誰か？
❷残りの3Wを調べる
❸自分の具体的な目的をはっきりさせる
❹目的をじゃまするものを見つける
❺葛藤を行動に表す

という流れだ。

こうやって、詳しく書いているのは、やりやすい役とやりにくい役があるからなんだ。役の気持ちが想像しやすくて、簡単にその役になれる場合は、こんな手順をふまなくても、きっと、君は自然にこの順番で役を考えている。演劇部の生徒役とか親との関係に悩む子供の役とかね。

でも、まったく分からない時もある。どうしてこんなことをしたのか、何を今考えているのか、まったく分からない役をもらった時には、この順番のアプローチが、とても役にたつ。覚えておいて、損はないと思うよ。分かったかな？」

二人は、微笑みました。

第三章　俳優の仕事ってなんだろう？

オーディションから本番まで

「あの、具体的に、俳優の仕事ってどうやるんですか？」

マサシ君が、少し大きな声で言いました。

横のユキちゃんがちょっと驚いた顔でマサシ君を見ました。

「ほら。具体的な目的が明確だと、緊張しないだろう？」

僕は、マサシ君に言いました。

「えっ？」という顔をして、マサシ君は僕を見返しました。

「さっきまで、マサシ君は僕に、『嫌われないようにしよう』とか『初対面は苦手だなあ』とか『うまく聞こう』とか、そんな漠然としたムードや抽象的な目的で座っていたはずだ。その時は、とっても、緊張したはずだ。でも、今、マサシ君は、『このことを聞きたい』って具体的な目的があったんだ。だから、今までで一番、大きくて通る声が自然に出たんだ。知りたいから、緊張している場合じゃなくなったんだね」

「ほんと。なんか、別人の声みたいでびっくりした」

ユキちゃんが、思わず言いました。

マサシ君が、照れたようにはにかみました。

「なに、照れてんのよー」

ユキちゃんがすかさず突っ込みました。突っ込んでいるユキちゃんは幸せそうでした。そんな二人を見て、僕もなんとなく、ほっこりとした気持ちになりました。

「俳優の仕事って、どういうこと？」

「だから、台本をもらって、役にアプローチするでしょう。それから、どうなるんですか？」

「仕事の手順ってことかな？」

「そう、そうです。どうやって、観客や視聴者まで来るかです」

「じゃあ、一般的な俳優の仕事の流れを話そう」

僕は、ペットボトルの残りを飲みながら言いました。

「まずは台本から始まる。それは言ったね。その前にあるとしたら、出演者オーディションだ。これは、すべてのメディアに共通する。テレビでも映画でも舞台でもラジオでもコマーシャルでも、オーディションはある。特に、君がまだ若くて無名なら、たくさんのオーディションを受けるかもしれない。たくさん受ければ、落ちることもたくさんある。でも、出演作品のオーディションは、ミスコンやグラビアアイドルのオーディションじゃないから、落ち込む必要はない」

「どういうことですか？」

マサシ君が、すぐに聞きました。

「うん。ミスコンとかは、美男・美女を探すっていうオーディションだろ。それは、君自身を審査するオーディションだ。でも、俳優のオーディションの場合は、たいてい、選ぶ側は、もう、役を用意していて、その役にあう人を探しているんだ。ちょっと太っちょでボケた感じの人が欲しいとか、メガネの似合う頭のよさそうな女性とか、イメージが決まっているんだ。そういう役が台本に書かれているからね。だから、自分が落ちた時は、自分は悪くない。ただ、役と自分のイメージが違っていたと思えばいい」

「でも、落ちたら、その……落ち込むと思います」

「うん、私もそう思う」

ユキちゃんがうなずきました。

「もちろん、人間だからね。でもね、出演者オーディションに落ちることは、イメージとか技術の否定であっても、人格の否定じゃないってことは、ちゃんと覚えておいた方がいいと思う。実際、たくさんのオーディションを受ける間に、どんどん落ちて、どんどんすさんでいく人を、僕はたくさん見ている。人格や存在を否定されたような気になれば、それは、とても悲しいことだから、そうなるのは無理もないんだ。でもそれは、決して人格や存在の否定じゃないんだ。ただ、役と君のイメージが合わなかったとか、経験不足から技術的にその役に向かないと思われただけなんだ。このことは、何度でも言うよ。実際、欧米だと、『えっ、あの人がっ』っていうぐらいの大物俳優でも、オーディションを受けるんだ。その役にあっているかどうか、実際に、セリフを言ってみて、どんな感じがするか、どんなふうに見えるか、監督も俳優も知りたいからね。

で、もちろん、落ちる時も当然ある。だけど、それは、人格の否定、存在の否定じゃないってことは、みんな、理解している。人間だから、落ち込むことはあるけど、激しく傷つくことはない。

もし、これから、君がプロの俳優になるのなら、このことははっきりと覚えていて欲しいんだ」

二人は、黙ってうなずきました。

＊

「さて、オーディションに受かるか、直接依頼が来るかして、君の元に台本が届く。君の役がそこにはある。そこからの流れは、テレビや映画、ＤＶＤ作品、ネット配信などの映像系のメディアと演劇系のメディアで、大きく二つに分かれる。ラジオドラマは、どちらかといえば、映像系の流れに近い」

「映像系と演劇系……」

ユキちゃんが繰り返しました。

「難しい言い方に聞こえるかな？　でも、簡単だ。演技を映像に記録するか、ライブで、つまり生《なま》でやるか、それだけの違いだ。あ、それから、それぞれの作品の責任者の呼び方を確認しておこう。君が俳優になった時に、一番、君の演技と関係の深い相手の呼び方だ。テレビではディレクター。映画では監督。演劇では演出家。大きく分けると三つある」

「どうして三つもあるんですか？」

マサシ君が思わず言いました。

「それぞれの歴史がバラバラだから、それぞれの分野で独自に呼び方が定着したんだと思う。ラジオドラマは、ディレクターが多いかな。コマーシャルやDVD作品、ネット配信は、本人がどう呼んで欲しいかとか作品の雰囲気で、ディレクターと監督に分かれる。

さて、メディアが違っても、君が俳優としてやることは基本的には同じだ。『顔合わせ』があって『衣裳合わせ』があって『本読み』や『リハーサル』があって、『撮影当日』か『舞台初日』を迎える。そこで、君は、視聴者や観客、つまり、そのメディアの受け手と出会うんだ。

まずは、映像系の話を中心に、順番に説明しよう」

僕はお茶を一口、飲みました。つられて、二人もお茶を口にしました。

顔合わせ

「『顔合わせ』は、君が、監督やディレクター、他の共演者と初めて顔を合わす機会だ。あいさつして知り合って、お互いの人間的緊張を撮影の前に少しでもとっておこうというのが一番の意味。それから、役の基本的なイメージをディレクターや監督と確認しあうという大切な仕事もある」

「役の基本的なイメージ？」

「『家で大きな声なんか出せないですよ』という後輩を、マサシ君はオドオドした人物とイメージしたとしよう。でも、ディレクターは、強気な人物としてイメージしていた。その場合のお互いのイメージをすり合わせる必要があるんだ。基本のイメージが違うと、セリフのイメージが全部、変わってくるだろう？」

「そんなにお互いのイメージが違う時があるんですか？」

「もちろんあるよ。だって、自分の家でただ台本を読むだけなら、想像はどんどんふくらむからね。でも、もっと詳しい話は、『テーマ』の時にしよう。

衣裳合わせ

さて、『顔合わせ』の次は、映像系はふつう、『衣裳合わせ』だ。ここで、役の基本的なイメージを語るディレクターや監督も多い。『顔合わせ』がなくて、いきなり『衣裳合わせ』の場合も多い。大人しい学生服かと思ったら、不良っぽく着くずして欲しいなんて言われて、真っ赤なTシャツと破れた学生服を渡されたりした場合は、やっぱり、自分の役のイメージをディレクターや監督と確認する必要があるんだ。

本読み・リハーサル

そして、映像系のメディアでは、撮影の当日よりも前に『本読み』や『リハーサル』がおこなわれる場合がある。

これは、ディレクターや監督の判断と予算が関係してくる。

絶対に、事前に『リハーサル』をやりたいと思っている人もいるし、特に必要ないと思っている人もいる。それから、『リハーサル』をするということは、それだけ稽《けい》古場《こば》や俳優さんに対してお金がかかるということだ。なので、予算のある番組・作品に限られたりもする。

『本読み』や『リハーサル』がなければ、『衣裳合わせ』の次は、『撮影当日』になる」

「えっ！　もう、撮影ですか⁉」

ユキちゃんが、大きな声を出しました。

「そうだ。高校演劇とはまったく違う速度だろう。でも、それが映像系の流れだ。さらに、君が無名の俳優の場合、『顔合わせ』も『衣裳合わせ』も『リハーサル』もなく、いきなり、撮影当日に呼ばれる可能性もある」

今度は、マサシ君の目が大きく開かれました。

「君が新人として参加するなら、この場合の方が多いかもしれない。

いずれにせよ、セリフを完全に覚えておくことだ。当日のリハーサルが始まって、いきなり、演技を求められる。その時、台本を手に持ちながら演技をしているようでは、君には次の仕事はないだろう」

「でも……演技はキャッチボールじゃないんですか？　鴻上さんは、セリフを完全に覚えて稽古場に来ちゃいけないって書いていたと思うんですけど……」

ユキちゃんが、顔をしかめながら言いました。

「キャッチボール？　どういうことですか？」

マサシ君が続けて聞きました。

「僕の本をたくさん読んでくれているんだね。ありがとう。キャッチボールってのは、つまり、演技は、自分のセリフを順番に言うことじゃないってことなんだ。一言、言って、相手の言葉を聞いて、返す。相手の言い方によって、こっちの言い方は微妙に変わる。当然だよね」

「当然なんですか？」

「そう思わないの!?」

「……よくわかんないス」

僕が強く聞き返したので、マサシ君は、ビクッとして答えました。

「ほら、キャッチボールだろう？　僕が、『そう思わないの!?』って強く言ったから、今、マサシ君は、弱々しく『よくわかんないス』と答えた。もし、僕が優しく、『そう思わないの？』って聞いたら、マサシ君はたぶん、もっと堂々と『よくわかんないス』って答えたはずなんだ。そうだろ？　……って優しく言ったよ」

僕は微笑みながらマサシ君に言いました。

マサシ君も微笑みながら、力強く、「そうです」と返しました。

「それが、キャッチボールだ。でも、一人で家で台本を練習していると、相手が、どんな言い方で『そう思わないの？』って言うか分からないんだ。当り前のことだけどね。分からないのに、セリフを完璧《かんぺき》に覚えると、撮影当日に相手がとても優しく『そう思わないの？』って言ってるのに、家で完璧に覚えた言い方、つまり、オドオドした言い方で、『よくわかんないス』って答えてしまいがちなんだ。これは、キャッチボールじゃなくて、つまり会話じゃなくて、独り言なんだ。自分の順番になったから、自分の決めた言い方で自分のセリフを言っているだけなんだ」

「それじゃあ、ダメなんですか？」

「その発言は、会話だよね。僕の言葉を聞いて、僕にちゃんと言葉を投げかけてる。じゃあ、その質問を独り言にできるかい？」

マサシ君はちょっと考えて、下を向いたまま、小さい声で「……それじゃあ、ダメなんですか？」と言いました。

「ちょっと極端じゃないの？」

ユキちゃんがあきれたように言いました。

「いや、それも立派な独り言だ。でも、もっと元気な独り言もあると思うんだ」

「元気な独り言？」

「うん。マサシ君の周りにいないかなあ。こっちに一生懸命話しかけてるのに、少しも心が届かない人。あ、この人はえんえん元気な独り言を言ってるなあって感じた人」

「いた！　この間の英会話のセールスの女の人！」

ユキちゃんが急に叫びました。

「電話でさ、すっごい丁寧《ていねい》な言い方してるんだけどさ、こっちの話、全然、聞いてないの。はい、そうですかって言ってるんだけど、結局、自分の話をしてるだけなの」

「それだ。相手の話を聞かないで、自分のセリフだけを覚えると、そういうことになる。それは、会話じゃない。だからとてもつまらないものになってしまう」

「なるほど」

マサシ君が深くうなずきました。

「うん。それも、また、キャッチボールの『なるほど』だ。家で完璧に覚えた言い方だと、そこまでの感情はなかなか出て来ない。演技までの理想的な手順は、自分の家で台本を一〇〇パーセントではなく、九〇パーセント覚えてくることだと僕は思っている。完璧に一〇〇パーセント覚えると、現場でなかなか相手の言葉に生き生きと反応しづらいからね。僕はよく、俳優さんに、『台本は、うろ覚えで来てください』って言うんだ」

「だったら、」

ユキちゃんが、理解できないという顔で言いました。

「いや、問題はそう簡単じゃないんだ。僕は演劇の演出家だから、そんなことを言うんだ。でも、僕が映画やネットシネマを撮る時は、なかなか、そんなことは言えない」

「どうしてです？」

「それは、お金が関係しているんだ」

「お金？」

そう言った後、ユキちゃんは、マサシ君の顔を見ました。マサシ君は、「俺に聞くなよ」という顔でユキちゃんを見返しました。

ペットボトルのお茶を飲み干して、僕は言いました。

「お金の話の前に、演劇系の手順を整理しておこう。といって、そんなには変わらないんだけど……。

演劇系の場合

演劇系は、『顔合わせ』の後、『リハーサル（稽古）』が始まる。通常、プロの場合、『リハーサル』期間は平均四週間から六週間だ。その途中で『衣裳合わせ』がある。間違いなく、たくさん稽古をしているから、自分の衣裳が役にあっているのかどうか、映像系にくらべて判断しやすい。

そして、『舞台初日』を迎えて、観客の前に立つ。で、これだけ稽古する時間があれば、一〇〇パーセント完璧にセリフを覚える必要はない。九〇パーセントまで自宅で覚えて、あとは、稽古場で、『リハーサル』を始めながら、いろんな言い方を試すことができる。『そう思わないの？』の言い方を、強く言ったり、優しく言ったり、急に激怒して言ったり、いろいろ試すことができる。相手も、いろんな言い方で、『よくわかんないス』と答えることができる。生き生きとキャッチボールしながら、一番いい言い方を探すことができるんだ」

ユキちゃんが微笑みながらうなずきました。

映画の場合

「次に時間をかけるのは、日本では、たいてい、映画だ。黒澤明《くろさわあきら》監督は、何ヵ月もリハーサルをした。でもまあ、これは例外だ。たいてい、数日の『リハーサル』の後、『撮影当日』を迎える。撮影日数は、平均で一ヵ月ほどだ。九十分の作品だとすると、一日平均三分間のドラマを撮影することになる」

「三分間！　そんなに短いんですか!?」

マサシ君が驚いた声を上げました。

「いや、三分でも、カーチェイスとか乱闘シーンとか、仕掛けが多いと一日で終わらない場合もたくさんある。だけど、とにかく、三分間なら、撮影当日でも、じっくりと演技を練習する時間はある。朝から何度もリハーサルを繰り返して、夕方、やっと三分間の演技シーンを撮影するなんてことが可能なんだ。そうすると、九〇パーセントの覚え方でも、現場に参加できる。何回も練習を繰り返す間に、相手とキャッチボールしながら、セリフの言い方が決まってくるからね」

「へえ、映画もそうなんですか……」

ユキちゃんが知らなかったという声を上げました。

「でも、最近は、こんな余裕のある映画は減ってきた。とにかく、低予算のものが増えた。その場合、一日三分間なんて悠長なことは言えなくなってきた。なので、映画でも、一〇〇パーセント覚えて入ることが多くなった。僕の撮る映画は、今の所、一〇〇パーセントが多い。とほほだ」

「低予算映画って大変なんですね」

ユキちゃんが言いました。

テレビの場合

「そして、テレビだ。一時間の連続ドラマだと、一話分の中身は、CMとエンドロールを抜いて、約四十二分。これを、一週間以内で撮影する。一日平均十分間の撮影としておこうか。もちろん、二十分間撮らないといけない場合もある。それが、ワンクールと呼ばれる期間、つまり三ヵ月、続く。今、日本のテレビドラマは、三ヵ月単位が標準だからね」

マサシ君が、ふうと息を吐きました。

「君がテレビの現場に呼ばれたら、まず間違いなく、セリフを一〇〇パーセント覚えておかなければ、周りは待ってくれない。相手とキャッチボールしながら、ゆっくりと演技を作っていく時間は、ほとんどないと思っていた方がいい」

「テレビも大変なんですね」

マサシ君がちょっと顔をしかめて言いました。

「そう、テレビは大変だ。特に、マサシ君が夢見ているような人気のあるテレビ局の人気のある連続ドラマになったら、その大変さは増していく。それは、何百万人、何千万人という人が見ているメディアだからだ。具体的に言うと、信じられない大金が動く。大金が動いて、大変な数の人が見て、大金をかせぐ俳優たちがたくさん出演して、大変な数のスタッフが集まってひとつの作品を作る。そこでは、速度が求められる。その速度に負けないで、演技を作っていける人だけが生き残る。

この速度が嫌いだったり苦手な人は、映画を好む。テレビに出ないで映画に出る人の理由はこれだ。

この速度でうまく演技が作れないと、ドラマが終わって、別のドラマに出演しても、また同じ演技をしていると視聴者に思われるかもしれない。『この前の役と区別がつかないよね』なんて、テレビの前で言われたりする。そうなると、テレビドラマは、演技ではなくて、『この俳優は今売れている』ということを知らせるセミドキュメンタリーのような番組になってしまう。

もちろん、誰もそんな番組を作りたくはない。テレビの速度と闘い続けている人もいるし、速度ではなくて、テレビでもじっくりと作ろうとしている人もいる。

現場の「速度」を見極める

とにかく、今、一番、大金が動き、注目され、多くの人が集まり、猛烈な速度が求められているのがテレビなんだ。

アメリカでは、一年以上もかけて一本の映画を作ることが普通にある。一番、お金があるのは映画界だ。だが、日本では、一番お金があるのはテレビ界だ。『今度は、映画だからお金がないんだよ』と、あるテレビディレクターが言っているのを聞いて、『日本だなあ』と思ったことがある。

だから、本当にゼイタクな作品作りができるのはテレビかもしれない。ただ、主演のスター達は、とても忙しいので、いきおい、スケジュールは、とてもハードなものになってしまう。

なかなか、人生は大変で、そういう一番、演技を作りにくいテレビが、一番、君を有名にして、大金をくれる。君の親や遠くに住む親戚に対して、『私は俳優なんだ』

ということを簡単に納得させる方法は、テレビに役者として出ることだ。それで、たいていの親は文句を言わなくなる。東京や大阪で、演劇を地道にやっていても、なかなか、地方に住む親は納得しないのにね。

その代わり、テレビに出続けていると、演技が中途半端になる可能性がある。すぐに飽きられるかもしれないという危険性も同時に生まれる。セリフのいろんな言い方を試す時間はない。テレビの速度では、じっくりと役を作る時間、納得できない演技をもう一度やらせてもらう時間は、君がよっぽどの大スターでない限り、用意されないからね。君は、演技を作る時間が少ないまま、演技を続ける。

多くの人に見てもらえるテレビは、最大の可能性と最大の危険性を同時にくれる。それは戦いだ。成功の報酬は甘美だが、厳しさは激烈だ。

そして、一番、じっくりと演技が作れる舞台は、限られた数十人から数万人の観客を相手に、テレビよりはるかに少ないお金を君に与える。生活できない金額の場合もたくさんある。けれど、本当にじっくりと演技を作れる。君は、君の役をじっくりと育てることができる。

そして、テレビとの一番の違いは、君は、演劇では、演技の反応を直接、感じることができるということだ。君は、必死で演技を続ければ、客席がだんだんと冷めていくのを舞台の上で感じるだろう。じゃあと力を抜けば、観客がまた、君に注目してくるのを感じるだろう。そして、力を抜きすぎると、また、観客は君から離れるだろう。君があるセリフを言って、言い方とタイミングがよければ、客は爆笑する。それは、舞台でだけ確かめられる。舞台でだけ試すことができる。そして、君の演技力は育っていく。

テレビでは、君の演技のできはスタッフやプロデューサーの反応でしか分からない。それは、残念ながら、本当の観客ではない。

スタッフは、まだ収録が残っている限りは、君を傷つける本当のことは言わない。いや、言えない。視聴率は、演技のできとイコールではない。雨が降ると人は外出しないので視聴率は上がるし、裏番組が強ければ下がる。君の演技と、密接には関係していない。

観客と直《じか》に接し、演技を試せること。それが、舞台の一番の魅力だ。

この状態に近いのは、映画だ。君は、自分の演技の反応を、映画館で他の観客の反応で確かめることができる。ただし、それは、監督が編集した演技だ。君の本当の演技とは言えない場合も多い。

映画の一番の魅力は、それがＤＶＤやＢｌｕ－ｒａｙとなり、名作なら、これから百年以上も残っていくことだろう。君は百年後の観客とも出会うことが可能なんだ。この魅力にしびれて、テレビではなく、映画を中心に選んでいる人もいる。

映画は監督のもの、演劇は役者のもの、テレビドラマはプロデューサーのもの、とよく言われている。僕は演劇の演出家が本業だけど、本当に演劇は役者のものだと思う。それを、悔しく思ったことはない。

メディアに関しては、もちろん、どんなものにも例外はある。今言った撮影期間は、一般論だ。

日本映画でも、一年をかけて作品を作っている人もいる。二週間で映画を作らないといけない環境もある。

じっくりと『本読み』と『リハーサル』をした上で、作品を作っているテレビディレクターもいる。一週間で一本の演劇を作る演出家もいる。

ただ、平均的には、速度が求められる順番は、速い順に、

1コマーシャル　2テレビ　3ラジオドラマ　4ネット配信　5映画　6演劇　となる。

少し説明しておくと、コマーシャルは、通常、数時間か一日か数日で撮り終わる。

商品が主役なので、君の都合は二番目だ。君がどんなに素敵な演技をしても、商品がちゃんと映っていなければ、撮り直しになる。演技にとって、一番、厳しい現場だが、君に信じられない大金をくれる。

ラジオドラマは、衣裳やセットが必要ないので、台本から収録までの時間が短くなり、結果、速度が上がることになる。なので、一般的には、テレビドラマ以上に、演技の技術が求められることになる。

4、5は、個別の作品の予算の大小によって、順番が入れ替わる。低予算の映画は、速度が上がるが、予算がたっぷりあるネット作品はゆったりとした速度で演技を試すことができるだろう。

どんなメディアでも、セリフを一〇〇パーセント覚えて来て、数回のリハーサルで相手とキャッチボールをしながら、自分の言い方を修正するという人も、もちろんいる。それは優れた技術だ。本当の俳優はそういうものだという人もいる。

が、まだ君がそこまでの技術と経験を持ってないのなら、自分の現場の速度をちゃんと見極めないといけない。そして、それぞれのメディアの速度にパニックにならないで、君と周りが納得できる役作りができれば、とても幸運なことだ。それは、君がまた仕事ができることにつながるだろう」

第四章　どうやって俳優になるんだろう？

「確実に俳優になれる道」というものはない

　一気にしゃべり切った所で、車内販売が来ました。積まれた駅弁を見て、急に自分が空腹であることに気づきました。一人だけで食べるのはなんだなと、二人を誘いました。マサシ君は恥ずかしそうに、ユキちゃんは目をキラキラさせて、「いただきます！」と叫びました。なんだか、お相撲《すもう》さんに食事をおごっている人みたいな気持ちになりました。

　窓の外はすっかり暗く、街の灯《あかり》がちらちらと見えるだけです。逆に、窓に駅弁を頬《ほお》張《ば》る三人が映っていました。福島はもう、とうに越したはずです。

「ちょっとテレビのことを厳しく言い過ぎたかな？」

僕は、ふと、つぶやきました。

　もりもり食っていたユキちゃんと、静かに食べていたマサシ君が同時に僕を見ました。

「どうでしょう……どうかな？」

ユキちゃんは、口をもぐもぐと動かしながらマサシ君を見ました。

「ちょっと、怖くなりました。テレビって大変だなあって……」

マサシ君は、遠慮がちに言いました。

「そうか。それぐらいでちょうどいいかなあ……。テレビはものすごい力を持っているからね。華やかな面だけを見て、俳優になりたいと思うと大変だぞおって言おうとしたんだ。テレビは消費していく王様だからね」

マサシ君の顔が、「どういうことですか？」と聞きました。

「ネットで五年前のテレビの人気者を検索してごらんよ。昔のテレビ雑誌があればなお分かりやすい。『あっ、こんな人、いたなー』ってすごく懐かしくなるはずだから。テレビは、どんどん若い人を登場させて、使い切って、つまり消費して、次の人に移るからね。消費されないで生き延びるためには、本当に大変なんだ」

「なるほど」

ユキちゃんは、お茶をごくごくと飲みながら答えました。なんだか、見てるだけでお腹一杯になる食べ方だなあと、僕は思いました。

「具体的には、どうやったら俳優になれるんですか？」

マサシ君が、ふと、箸《はし》を止めて聞きました。

「どういうこと？」

「だから……テレビに出られる俳優になるために、僕はどこに行けばいいんでしょう？」

「なに、その言い方？　家出したヤツみたいよ」

横でユキちゃんが箸で玉子焼きをつまんだまま言いました。

「なるほど。そうだ、そのことを語る番だよね。じつは、その問題が、一番、やっかいなんだ。この道を通ったら、絶対に俳優になれるという道は、ない」

「ないんですか⁉」

マサシ君が悲鳴のように言いました。

「残念ながら、ない。もっとも、他の職業だって、絶対ってことはないと思う。その職業の専門学校に入っても、落第することはあるだろうからね。調理師専門学校に入ったからといって、絶対に調理師さんになれるわけじゃないだろう。でも、俳優の場合は、他の職業に比べて、なれる可能性が、とても低い」

二人の箸の動きが止まりました。

「いや、ごめんね。食欲をなくす話をしてしまった。でも、この事実から目を背《そむ》けてはいけないんだ。じゃあ、プロの俳優になる手順だ。

「事務所に入る」という道

まず、どこかの俳優事務所に所属していないと、プロの仕事は、基本的にできない。テレビ局も映画会社も演劇制作会社も、所属していない人、つまりフリーの人はなかなか使わない。よっぽど、個人的に相手を知っていれば、フリーでも仕事を依頼する場合はあるけど、普通は、どこかの俳優事務所に所属していることが条件だ。

事務所に所属しているということは、その俳優事務所に所属していると、事務所が責任を取るということを意味するんだ。事務所に所属するってのは、俳優の身元保証、みたいなもんだね」

「事務所にはどうやって所属できるんですか？」

「そうだ。それがマサシ君の聞きたいことだもんね。まず、

❶オーディションだ。

じつは、オーディションには二種類ある。〝俳優事務所のオーディション〟と〝作品のためのオーディション〟だ。

事務所のオーディションは、文字通り、俳優事務所に所属する俳優を選ぶオーディションだ。毎年、実施している事務所もあれば、数年に一回、大々的にキャンペーンをしている事務所もある。この場合は、かなり狭き門だ。まったく募集してない事務所もある。いろんな事務所のホームページやオーディション雑誌をチェックしてみるといい。なかには、いつでも、履歴書を送ってきてかまわないという事務所もある。オーディションがないのに、つまり、俳優募集という告知がないのに自分から一方的に履歴書を送るのは、あまりお勧めできない。君が、目の醒めるようなイケメン・美女なら別だが、そうじゃない場合は、たぶん、無視される。事務所も忙しいんだ。直接電話する、なんてのは一番、嫌がられる。

でも、基本的に、事務所は、いつも有望な新人を探していると思って間違いない。その意味でプロの俳優になれる可能性はいつもある」

硬かったマサシ君の顔がちょっとほころびました。

「問題は、事務所のオーディションは写真と面接ぐらいなので、演技力じゃなくて、見た目重視になりがちだ、ということだ。ルックス重視で、とびきりの美男・美女が受かる可能性が大きい。演技力があっても、そんなにハンサム・美女じゃない場合は、落ちることが多い。

ただ、そうじゃない事務所もある。ホームページで所属俳優のリストを見るとその事務所が求めている傾向が分る。

それから、残念ながら詐欺のような事務所もある。入所金や宣伝写真代として、何十万も要求するような所は気をつけなきゃいけない。あやしいと思ったら、ネットで評判をたしかめるとか、所属の俳優と話させてもらうとか、用心すること。

さて、オーディションに受かれば、君は事務所の所属か、「あずかり」になる。「あずかり」とは、まあ、一種のお試し期間だ。うまくいけば、その後、正式所属になる。それだけで喜ぶ人がいるけど、それは、スタートラインであって、まだなにも始まっていない。

君には、マネージャーというものがつく。君を、いろんなメディアに売り込んでくれる人だ。いろんなメディアは、事務所に作品のためのオーディションの情報を流す。だから、事務所に所属してないと、なかなか、オーディション情報は手に入らないんだ。

場合によっては、すぐにキャスティングされることもある。あとは君の演技しだいだ」

「じゃあ〝作品のためのオーディション〟って、事務所に入らないとだめなんじゃ

「……」

「いや、ユキちゃん、そうとは限らない。最初に言った〝作品のためのオーディション〟は、事務所向けだけではない、君がフリーのまま受けられる、一般にも告知したオーディションもある。

例えば、オーディション雑誌に載っている、そういう外部にも開かれた〝作品のためのオーディション〟では、どこにも所属していなくても、受かる場合がある。というか、場合によっては、オーディションの主催者は、無所属の新鮮な人を求めている。そこで、君が受かれば、そのまま主催者と関係のある事務所の所属になることもあるし、作品が完成した後、君の演技が素敵ならば、所属になるという例もある。テレビ局や映画会社が作品の主催者なら、所属する事務所を紹介されたりする。

次が、

❷**スカウト**だ。

ただし、これはあんまり期待しない方がいい。スカウトされることを求めて、一日中、東京の街をうろうろする、なんてのは、意味がないと思う。東京はインチキな勧誘も多くて危険だし、時間の無駄だ。ときおり、池袋でスカウトされた、なんていうシンデレラ・ストーリーがテレビで語られるけど、それは、やっぱり、とびきり美人だったり美男だったりした場合だ」

ユキちゃんがマサシ君を見つめました。マサシ君は反応しませんでした。

「劇団や養成所に入る」という道

「次が、

❸劇団や劇団の養成所に入ることだ。

毎年、たくさんの劇団が劇団員や研究生の募集をしている。ほとんどが春、三月や四月の時期だ。劇団員が何百人もいる伝統の劇団もあれば、去年できたばかりの平均年齢二十歳なんて劇団もある。そこに入り、演技の基礎を勉強して、演技力を磨く、という方法だ。

一見、遠回りに見えるけど、演技力がまったくない人が、ちゃんと実力をつけていくには、ちょうどいい道だ。君の演技が周りに認められれば、君の役はどんどん大きくなり、たくさんの観客を集める劇団なら演劇で生活できるようになるだろう。

問題は、その劇団がどんなレッスンをしているのかが、入ってみないとなかなか分からないことだ。その劇団の作品を、君が好きかどうかも、大切なことだ。

それと、君が、演劇以外のメディアにも出演したいと思っているのなら、演劇以外のメディアへのマネジメントをしているのかどうかも重要なことになる。劇団がそういう事務所としての仕事をしているかどうか。実力に応じてテレビや映画やラジオに売り込んでくれるマネージャーがいるかどうか。

ただし、君に本当に演技力がつき、その劇団の舞台で評判になれば、他のメディアや劇団は、放っていても君に仕事を依頼しに来る。それは間違いない。とびきりうまくて素敵なのに、その劇団の人間しか知らない、ずっと無名だ、なんてことは日本では起こらない。

どんな小規模な公演でも、だから、舞台に出続けることが大切なんだ。

一番問題なのは、劇団に所属しているのに、出演のチャンスがなかなかない場合だ。

「演技の学校に入る」という道

次が、

❹演劇大学・演劇専門学校に行くことだ。

じつは、欧米では、この道が一番主流だ。欧米の演劇学校（ドラマ・スクール）は、一般的には三年制（ロシアは五年制）で、卒業する直前、生徒達は、いろんな俳優事務所やキャスティング・プロデューサー（テレビや映画の配役だけを専門にしている人）の前で、演技をする。『オーディション・ナイト』と呼ばれる時間だ。

そして、所属が決まっていく。

日本では、まだ演劇専門学校は主流になっていない。その代わりを、劇団が担っているんだ。演技をしたい若者達は、みんな、劇団に入ったからね。

でも、だんだんと、学校の重要度は増していくだろうと僕は思っている。

現在は、一年制から四年制まで、さまざまなタイプの学校がある。入学は、ほとんどが四月だ。優れた学校では、いろんな種類の演技の練習ができるかもしれない。劇団は、それにくらべて、ひとつの傾向の演技を求められる。もちろん、それが、その劇団のカラーなんだけど、じつは、俳優は、いろんな種類の演技ができた方がいいと僕は思っているんだ」

メモをしていたユキちゃんが、どういうこと？　と顔を上げました。

「例えば、入った劇団は体をほとんど使わない静かなお芝居が特徴だとするよね。でも、同時に、体を激しく動かすお芝居もできた方がいいと思うんだ。その方が、いろんな仕事ができる。結果、長く、俳優の仕事ができる。プロの俳優であるためには、いろんな演技ができることが必要だと思うんだ。

僕は、一年間、ロンドンにある『ギルドホール演劇学校』に特別留学をした。授業では、午前中、チェーホフという作家の抑えたリアルな芝居をさんざん練習して、午後はサーカスの解放的なピエロの演技をするんだ。頭の中がぐちゃぐちゃになったけど、面白かったよ。

演劇学校の問題点は、どんな授業をしているのか、やっぱり入学してみないと分からないことだ。それは、先生の質と大いに関係している。実際、やる気がなかったり、質が悪かったりする先生の噂《うわさ》は、時々、耳に入ってくる。もちろん、とんでもない劇団の養成所の話も聞こえてくる。卒業生や在籍している人の話を聞いたり、ネットで調べてみる努力も必要だ。

それから、卒業する時に、その学校が、いろんな事務所とのコネクションをもっているかどうかも大きな問題になる。でも、直接のコネクションがなくても、最近、僕の所にもぽつぽつと『オーディション・ナイト』のような案内が来るようになった。『今年の卒業生を、ぜひ、見てください。訓練をつんだ素晴らしい生徒が集まっています』という手紙つきで、だ」

マサシ君が「見に行くんですか？」という顔を僕に向けました。

「いや、なかなか、僕は忙しくて行けない。でもね、一人、その学校から有名な俳優がでたら、風景は変わるんだぜ。みんな、その学校の卒業生を、次から無視しなくなる。僕が行った『ギルドホール演劇学校』では、僕の同級生にオーランド・ブルームがいたんだ。映画『ロード・オブ・ザ・リング』で弓ひいてる金髪のレゴラスね。彼一人が有名になることで、次の年からの『オーディション・ナイト』は、激しく盛り上がるんだ。ロンドン中のエージェント（俳優事務所）が、第二のオーランドを求めて集まるんだ。そういうものだよ」

「自分で劇団を作ってしまう」という道

「この四つが、俳優になるための主な道だ。どれにも、絶対というものはない。ここでひとつ、お勧めなのは、君の好きな俳優さんが、どの道で俳優になったかを調べてみることだ。たいていは、俳優になったきっかけをインタビューで答えている。その俳優が出た学校に行くのもいいし、出身の劇団を受けるのもいい。所属している同じ事務所のオーディションを受けてみるのもいいだろう」

「鴻上さんは、どうやって俳優になったんですか？」

ユキちゃんが、元気に聞きました。

横で、マサシ君が「えっ!? 俳優もやってるんですか？」とびっくりした顔をしました。

「いや、僕の『俳優業』はなんというか、メインじゃないからね。でもね、僕は、今言った四つのどれでもない方法でこの世界に入ったんだ」

「なんです？」とマサシ君が僕をじっと見つめました。

「入りたい劇団もなかったし、僕は『ぶさいく村』出身だから事務所に写真を送らなかったし、大学の法学部に行っていたから演劇学校にも入らなかったし、だから、自分で『劇団』を作ったんだ。自分が台本を書いて自分で演出したんだ。でも、自分の劇団では、僕は出演しなかった。それがこの道にはいったきっかけだ」

「そういう手もあるんですよね……」

ユキちゃんが、うなずきながら返しました。

「だから、まず大学に入って、そこで演劇のサークル（演劇部）に所属するという方法もあるんだ。演劇サークルで何年かやってみるのも意味がある。僕はその中から、自分の劇団を作ったんだ。

ひとつ真面目なことを言えばね、最近、モデル事務所から俳優、特に女優になる人が多いんだ。それはそれで別に悪いことじゃない。ただ、多くの事務所も美男・美女だけを集めることに熱心で、どんどん個性的な俳優が減ってきているんだ。そうすると、どんなことが起こるかっていうと、ドラマの中で、『あたしなんかブスだし……』って言ってる主人公の友達も、無茶苦茶かわいいなんてことが起こってくる」

「あります！　もうチョーむかつきます！」

ユキちゃんが、素晴らしい反射神経で応えました。

「主人公が美人なのはいいのね。でもさ、もてない役の友達まで美人ってのはどーいうことよっ！　て、いつも、テレビの前で怒ってます！」

「うん。僕がイギリスのドラマ・スクールに行った時にね、一クラスは十四人ほどなんだけど、すべてのタイプがいるんだ。おデブちゃんにノッポに、ガリガリ君に、ハンサム君に美人、それから、ソバカスのインテリっぽい子、おへちゃだけど愛嬌《あいきょう》のある子、とにかく、バラエティーに富んでいるんだよ。だから、ドラマはふくらむんだ。『美人村』出身者の悩みと『ぶさいく村』出身者の悩みが同時にあるから、ドラマは深みを増すんだ。でも、日本の多くの事務所を見ると、所属の俳優は、平均的な美人・美男だけなんだ。そういう俳優しかデビューできないんだとすると、演出家としてはとても困るんだ。

昔の日本映画を見るとね、いろんな顔の役者さんがたくさん出てるんだ。でも、今、特にテレビドラマを見るとね、みんな、平均したいい顔ばかりなんだ。これは、これで問題なんだよね」

「なるほど。よく分かります。鴻上さんは、『ぶさいく村』出身だから、ひがんで言ってるんじゃなくて、演出家として真面目に日本のドラマ界を心配しているんですよね」

ユキちゃんが元気に言いました。

「……ユキちゃん、今、なんて言った？」

「だから、鴻上さんは、『ぶさいく村』出身だからひがんでいるわけじゃなくて、演出家として本気で心配しているんでしょう」

ユキちゃんが、満面の笑《え》みでまた言いました。

自分から『ぶさいく村』出身と言うのは問題ないのに、人から言われると、どうしてこんなにむかつくんだろうと、僕はちらりと思いました。

「でも、『ぶさいく村』出身だとなかなか、オーディションに受からないんでしょう？」

ユキちゃんが、傷口に塩をすり込むように聞きました。

「……『いい俳優』について、話した方がいいだろうなあ。さあ、話を急ごう。あと一時間ほどで、東京に着くはずだ」

二人は、残りの弁当を急いで食べ始めました。僕は、カラになった弁当のフタをして、ヒモでしばりました。窓の外には、宇都宮《うつのみや》の夜景が広がっていました。

第五章　いい俳優ってなんだろう？

ルックスと演技力

「俳優は、尊敬にあたいする仕事なんだって僕はよく言ってる。どうして、尊敬にあたいするのか？　それは、人気があるからでも売れているからでもない。俳優は、技術を要求される職業だから、尊敬されるんだ」

「技術……」

ペンを握ったマサシ君が繰り返しました。

「うん。それはサッカー選手やパン屋さんと同じだ。高度な技術をもったサッカー選手、高度な技術でとびきり美味《おい》しいパンを焼くパン屋さん。そういう人は、尊敬されるだろう。俳優も同じなんだ」

ユキちゃんが、もうちょっと詳しく話して、という顔をしました。

「俳優の仕事が、プロデューサーやディレクター、監督に気に入られることだと思っている俳優さんはたくさんいる。〝オキニ〟なんていう嫌な言葉もある。誰かの〝お気に入り〟になるということだ。たしかに、仕事を手に入れるためには、それが一番、手っとり早いかもしれない。でもね、すべての人のオキニになることなんか不可能だ。恋愛にたとえると、すべての人の恋人になんかなれない。それどころか、すべての人の〝好みのタイプ〟にもなれない。当り前のことだろ」

ユキちゃんが深くうなずきました。つられて、マサシ君が小さくうなずきました。

「だから、気に入られることを目標にしてしまうと、俳優という職業は、悲しすぎる仕事になる。精神的にも、まったく安定しないだろう。

そうじゃなくて、俳優は、ディレクターや監督に、『自分の〝好みのタイプ〟じゃないけど、あの俳優は素敵だ』と思わせる存在にならないといけないんだ。繰り返すけど、すべての人に好かれよう、嫌われないようにしようなんてアクセクしていても意味はない。不可能だからね。

そして、『自分の〝好みのタイプ〟じゃないけど、あの俳優は素敵だ』と思わせるためには、技術、つまり演技力が必要なんだ」

「でも、好みの顔とかってあると思うんだけど……」

マサシ君が聞きました。

「もちろん。ディレクターの好みの顔が、君だった場合、それはとてもラッキーだ。

でも、そこから、仕事を続けて獲得するためには、演技力が必要なんだ。そして、君の顔が好みじゃないディレクターとは、君の技術、つまり演技力だけが唯一、そのディレクターとつながっていく方法なんだ」

「でも、演技力だけじゃないでしょう。雰囲気とかルックスとか、あるでしょう」

マサシ君が、続けて聞き返しました。

「それも、もちろんだ。でも、あえて言えば、それは演技力があってのことだ。二人のサッカー選手がいて、同じぐらいうまいとする。その時、雰囲気やルックスで人気は分かれる。でも、うまくない選手の人気が続くことはないと思う。どうかな？」

マサシ君が、まだ納得できないという顔をしました。

「でも、演技力って結局、なんなんですか？」

「『作者の言葉を伝える技術』のことだ。説明しただろう。作者は無限に存在する。作者の言葉もまた無限に存在する。だから、この技術に、ここまでという終わりはない。美味しいパンにもサッカーの技術にも終わりがないのと同じだ。技術の追求には、終点がない。だから、追求し続ける人は、尊敬されるんだ」

「上手な演技って何ですか？」ユキちゃんが真剣な目を向けました。

「うん。僕は『上手な演技』とは次の円グラフのCの部分だと思ってる。

自然な感情をまず俳優は求められる。リアルに怒ったり笑ったり哀しんだりすることが演技の大切な要素だ。それは「4W」「目的」「障害」がイメージできると実現しやすい。

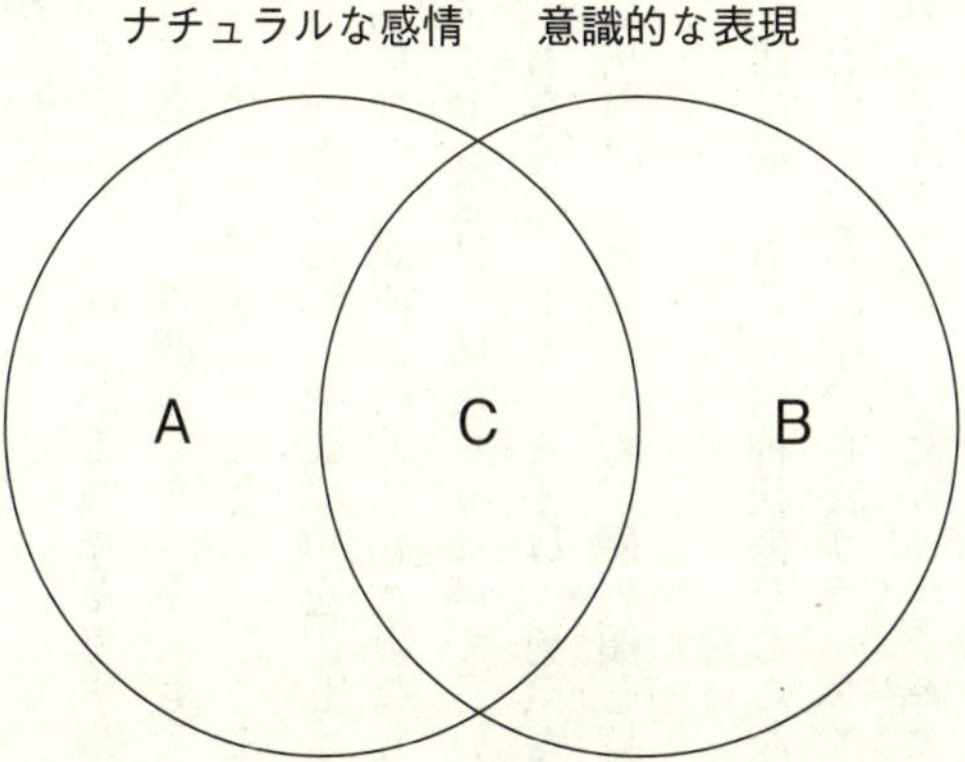

でもそれだけだと、心の中は嵐のように動いているけど、棒立ちの俳優が生まれるんだ。Aの部分のことだね。

演出家やディレクターは、意識的な表現を求める。例えば、舞台で言えば、「上手《かみて》から出て、五歩真っ直ぐ歩いて、そこで止まり、右に九十度回って『いらっしゃい！』と微笑んで下さい」なんて指示だ。

この時、心は全然動かないまま、ただ言われたことをやるのは簡単だ。Bの部分に対応する。

上手い演技は、心がリアルに動きながら、同時に意識的な表現をすることなんだ。Cの部分が大きい人は上手い俳優、名優と言われることが多い」

「なるほど、両立が重要なんですね」ユキちゃんが唸るように言いました。

「でもでも、雰囲気やルックスも大切なんでしょう」

「マサシ、どうしたのよ？　しつこいよ」

ユキちゃんが、思わず声を出しました。

「だって、演技力以外にも大切なものがあるでしょ？」

マサシ君は、切なそうな声で言いました。

「もちろん、ある。まずは、勇気だ」

勇気？　と二人とも、僕の顔を見ました。

「僕は演じる時の精神状態をこんなふうに説明する。

君が、君の部屋で心底リラックスできる相手と二人でいるとする。恋人か兄弟・姉妹か親か親友か。とにかく、一緒にいて、一番安心できる、楽しい相手。そういう人が誰もいなければ、一人でもいい。君は一人でリラックスしている。

そういう時、精神は無防備だ。心のシャッターは下りてない。心は簡単に動く。相手のささいな言葉に飛び上がるほど喜び、ささいな言葉に深く傷つく。ふだんは、心にシャッターを下ろしているので、少々の言葉でも傷つかない。教室で『デブ！』と言われても、心を閉じているから、なんとか平気だ。でも、心を許した相手が、今、軽く『ちょっと太った？』というだけで、泣きそうになる。そんな心を解放した相手と二人っきりで会話している時、君の右側の壁がゆっくりと外側に向かって倒れ始める。そして、壁の向こうに、何百という客席か、テレビカメラが出現する。

君は、心底リラックスした状態のまま、ゆっくりと右を向いて、何百という観客かテレビカメラを見る。その間、君の心のシャッターは下りない。無防備なまま、心が強張《こわば》らないまま、気取らないまま、何百という人の前で、またはカメラの前で会話を続ける。

それが、演じる時の精神状態だ」

マサシ君が、「そんな……」という声を出しました。

「残酷に聞こえるかもしれないけど、演じることは、自分の一番恥ずかしい部分、隠したい部分をさらけ出すことなんだ。

君は、心を許した人の前でしか見せない表情、動き、喋《しゃべ》り方を、大勢の人の前で見せないといけない。それは、とても恥ずかしいことだし、傷つくことだ。

普通の人なら、大勢の観客やテレビカメラの前では、思わず気取ってしまう、守ってしまう、かっこつけてしまう。でも、そうなれば、観客は敏感に感じる。『あ、この人、心を許したふりをして、じつは心のシャッターを下ろして会話している』と分かる。観客にそう見抜かれたら、君がどんなに誠実なセリフを語っても、観客は感動しない。

君は、『演技』の時に説明した五つのアプローチを、心の扉を閉じないで、解放された精神状態のままでおこなうんだ。

つまり、俳優は、率先して、深く傷つくことが必要な職業なんだ」

「傷つく……」とユキちゃんが繰り返しました。

「もちろん、誰も傷つきたくない。できれば、他人に傷ついてほしい。自分は安全地帯から、そういう人を見ていたい。それがドラマチックなら、なお面白い。たとえば、『恋愛ドラマ』だ。俳優は、役作りをしながら、傷つかないまま演じることも可能だ。自分の本当の姿を見せないで、かっこつけたまま恋愛の言葉を言うのも可能だ。

でも、それじゃあ、観客は感動しない。俳優が、演技なのに、演技と分かっているのに、その人の一番恥ずかしい部分をさらけだして、とことん演じるから、観客は感動する。『あの人、ふだんもあんな恋愛してるのかしら』なんてからかわれるぐらい自分をさらけ出せば出すほど、俳優は深く傷つき、観客は感動する」

マサシ君がじっと僕を見つめました。

「どうして、俳優は拍手を浴び、金を稼ぎ、きれいな服を着られるのか。僕は傷ついた代償《だいしょう》だと思っている。深く傷つき、自分が一番見せたくないものを見せれば見せるほど、称賛は大きくなる。と言って、ただ泣き叫べばいいんじゃない。とても恥ずかしい部分を、ちゃんとセリフを覚えて、相手とキャッチボールしながら、適切なタイミングで、ちょうどいい音量で出すんだ」

「大変じゃないですかあ」

ユキちゃんが、びっくりしたように言いました。

「だから、技術が必要だと言っているんだよ。観客は、客席側でそれを見せてもらうためにお金を払っているんだ。観客は、絶対に自分が傷つくことを求めない。俳優が傷つくんだ。テレビは、その仕組みが明確じゃないけど、じつは、僕たちは、商品を買うことで毎日、宣伝費としてのお金を払っている。テレビで番組を持っている会社の商品には、どんなものにもテレビでの宣伝費が含まれている。それが、演劇や映画の入場料の代わりだ」

「そうですよねえ……」とマサシ君がうなずきました。

「時々、役作りで、『自分の願望』を実現しようとする俳優さんがいる。ふだんもてないから、かっこよく演じたい。自分はふだん弱っちいから強く演じたい。ふだんおへちゃだから美しく演じたい。その気持ちはよく分かる。けれど、それでは観客は感動しない。

自分が客席にいると想像するとすぐに分かると思う。体の動きが鈍い人が、正統なアクション物のヒーローをやっても、観客は、『ああ、やりたかったのね。似合ってないけど、いいぞ！』とは思わない。

観客は残酷なもので、俳優の願望や希望につきあってはくれない。観客は、ドラマが見たいんだ。ドラマとは、『演技』の時に説明した『葛藤』というものだ。無防備になって、のたうち回る姿を見たいんだ。体の動きが鈍い人が、正統のアクションヒーローをやろうとしてできず、どうしたらいいんだと深く葛藤するドラマなら、観客は興味を示すだろう。そこから、感動するかどうかは、ストーリーによるけれど」

ふうっと二人は、同時に、深いため息をつきました。

俳優は広く浅い知識を

「いい俳優になるために、他に必要なものはありますか？」

ユキちゃんが、雰囲気を変えるように聞きました。

「うん。これも言っておこう。知識だ。たまに『高校をやめて、俳優になるためのレッスンを受けたいんですが、どう思います？』なんていう相談を受けることがある。僕は『絶対に高校をやめてはいけない』って返答をする。俳優にとっては、すべてが意味のある勉強なんだ。将来、どんな役をやるか分からないんだからね。知識はあるだけあった方がいい」

マサシ君がどういう意味かなと首をかしげました。

「もし、大学に行ってもいいと思っている場合は、それも勧める。仕事をたくさんしている俳優さんが、三十代になって、よく『もっと勉強しておけばよかった』とつぶやくんだ。エリートサラリーマンの役をもらって、日本経済に関するセリフに『東証一部上場』だの『ヘッジファンド』なんて単語が入っていると、みんな、頭を抱えるんだ。

俳優は、専門的な知識はいらない。ただ、いろんな知識を広く浅くもっておくことが必要なんだ。広く知っていれば、この単語はどこを調べれば見つかるのかってことが分かるからね。だから、僕は、俳優志望の人に、世の中のニュースに敏感になっておくようにと言うんだ。それも興味ある分野だけじゃなくて、政治や経済も含めた世の中の動きを知っておくこと」

「ニュースですか……」とマサシ君が、うめくように言いました。

「現代に生きる作家は、現代の問題点を表現しようとする。だから現代の言葉を書く。それを俳優が伝える時に、新聞を読んだり、国内外のニュースサイトをチェックしてなければ、いったいどうしたらいいのか、まったく分からないと思わないかい？」

ユキちゃんが素早くメモしました。

「たくさんの映画や演劇、テレビドラマを見て、たくさんの小説を読むのももちろん、大切だ。それも知識だ。感性が大切だとよく言われるけれど、じつは、知識をたくさん吸収することで、感性も伸びていく。俳優は、感動したことを言葉にできないと、演出家や他の共演者と共同作業ができないんだ。自分はどう演じたいのか、セリフのなにが分からないのか、それをちゃんとディレクターに伝えるためには、知識・知性に裏打ちされた感性が必要なんだ」

「それから、他には、何が必要なんですか？」

今度は、マサシ君が聞きました。

「ルックスと雰囲気に関することも、もちろん、大切だ。適度な運動とかお肌の管理、プロポーションの維持も大切だろう。ただ、雰囲気というやっかいなものは、直接にはどうしようもない」

「どうしてですか？」

「よく、『存在感のある役者になりたいです』なんて新人の俳優が言うんだけど、どうやったら存在感のある人になるのか、直接の道はないと思う。僕は、『存在感』ってのは『その人の内面に積み上げたモノの総量』だと思っているんだ。だから、いろんなものをこつこつと積み上げていくしか方法はないんだ。新聞やネットのニュースを読むこともそうだし、友達を作ることも恋愛をすることも、みんなそうだし」

「ダンスとか乗馬とかはどうですか？」

ユキちゃんが、聞きました。

「とても大切だ。演技とは別の技術をなにか身につけることは、いろいろ積み上げることのひとつだから存在感も増すし、演技力も向上する」

「ダンスをすると、演技力が向上するんですか？」

「うん。ユキちゃんは気づかないかい。俳優のダンスの問題点は、演技の問題点と同じなんだよ。ダンスに落ち着きがない人は、演技にも落ち着きがない。演技が雑な人は、ダンスも雑なんだ。だから、片方を改善することで、もう片方も変わっていくことがあるんだ」

ほおっと、ユキちゃんは声を上げました。

「それになにより、それで、仕事の可能性が広がるんだ。ダンスができること、タップができること、日舞が、乗馬ができることで、仕事を手に入れられる可能性がある。だから、そういう〝習い事〟は、積極的にやった方がいい」

「いい俳優になるために必要なことは、それだけですか?」

またユキちゃんが聞きました。

「最後にもうひとつ、『自己プロデュース能力』というものが必要なんだ」

「自己……なんですって?」

「『自己プロデュース能力』。自分を客観的に見て、自分をプロデュースする能力、簡単に言えば、自分にあった仕事を見つけ、自分をちゃんと売り込める能力だ」

「カラオケで、場がすっごく盛り上がる歌を歌う人と場違いな歌を歌う人の違いですか?」

ユキちゃんが聞きました。

「うん、近いかもしれない。その場にあったファッションが自然にできる、なんて人は、『自己プロデュース能力』が高いと言えるかもしれない。そもそも、『いい俳優』の話を始めたのは、ユキちゃんの質問がきっかけだ。なんて言ったのか、覚えてる？」

「えっ……なんでしたっけ？」

「ユキちゃんは、『ぶさいく村』出身だとなかなか、オーディションに受からないんでしょう？　って言ったんだよ」

「そうです。もちろん、覚えてますよ！」

ユキちゃんは慌てて言いました。

「……忘れてたじゃん」

マサシ君がポロッと言うと、ユキちゃんは、僕の方を向いたまま、マサシ君のホッペタを親指と人指し指でつねりました。犬をしつけているみたいでした。

「ユキちゃんのその質問には、とっても大切な問題があるんだ。二人は、『ロミオとジュリエット』という物語は知ってるかな？」

ユキちゃんは力強くうなずきました。マサシ君は、ホッペタをさすりながら、ちょっと首をかしげました。

「シェイクスピアという人が書いた、世界で最も有名な恋愛ドラマだ。何回も映画にもなってるよね」

「見ました！　ディカプリオ、かっこよかったです！」

ユキちゃんが、瞳をキラキラさせながら言いました。

「そうか。……えっと、シェイクスピアが一六世紀に書いた台本の舞台はイタリアだ。モンタギュー家のロミオとキャピュレット家のジュリエットが恋に落ちる。ところが、この二つの家はお互いに憎《にく》み合っていて、二人の両親はこの恋を絶対に許さない。話の結末は有名だね。ロミオもジュリエットも死んでしまう。うんと簡単に言えばそういう話だ」

「マサシ、知らないの!?」

ユキちゃんが、マサシ君に突っ込みました。

「で、その話がなにか？」

マサシ君は、ユキちゃんを無視して僕に聞きました。

「うん。ロミオとジュリエットは、世界中の俳優のあこがれの役だ。みんな、ロミオやジュリエットをやりたがる。でも、なかなかできない。それは、この役をするためには、俳優がとびきり魅力的じゃないと観客は許さないと知っているからだ。ぶっちゃけて言えば、美しいだけじゃなくて、深くて広い人間的魅力がないと観客は納得しないし、観客全体を物語の間中ずっと引っ張っていくことはできない。そんなことができる俳優は、そんなにはいない」

「そりゃそうです」

ユキちゃんが、おじさんみたいな口調《くちょう》で言いました。

「でもね、いろんな作品のオーディションで、どんなセリフでもいいと言うと、ロミオやジュリエットのセリフを読む人が多いんだ。これがどういうことか分かるかな？」

ユキちゃんが首をかしげました。

「みんな、例えば、ジュリエットの有名な『ああ、ロミオ、どうしてあなたはロミオなの？』っていうセリフを言い始めるんだ。そして、審査員に何が伝わるかというと、『あなたは残念だけど、ジュリエットはできない』ということなんだ。僕は、いつも、『これがジュリエットのセリフじゃなければ、こんなに残酷なことを思わないのになあ』って感じながら、セリフを聞いているんだ。

それでも、続々とロミオやジュリエットのセリフを言う人が現われる。みんな、本当にロミオやジュリエットになりたいんだなって思うんだ」

「いやはや、まったく」

ユキちゃんがまた、変な口調で言い始めました。

「やりたいっていう気持ちは分かりますよ。分かりますけどね、やっぱり、ロミオは、いい男がやんないと。つまんない男がロミオなんてやっちゃあいけません。それじゃあ、かえって、マイナスですよ。ふつうにしてれば、ふつうの男なのに、なまじ、ロミオなんてやろうとするから、つまんないってバレちゃうんでございますよ」

「……君、どこの人？」

マサシ君が、呆れながら突っ込みました。

「じゃあ、ユキちゃんは、そういう時は、ロミオのセリフじゃなくて誰のセリフを言ったらいいと思う？　『ロミオとジュリエット』の中で考えられる？」

「へいへい、じつはね、『ロミオとジュリエット』って、ロミオ以外にも、素敵な男が結構、出てくるんですよ。ジュリエットのいとこで熱血のティボルト、ロミオの友達でちょっとマニアックなマキューシオ、神父のロレンスさんも渋くていいですわ。ここらへんですかね」

「詳しいねえ」

驚いて僕が言うと、ユキちゃんは、少し得意気に、

「だって、映画、何回見たと思ってるんですか。あんまりはまったんで、もっと昔の映画も見ましたよ。それもよかったです」

「オリビア・ハッセーのやつだね。よかったなあ……。で、僕の言いたいことはもう分かっただろう？　誰のセリフを読むのかが、『自己プロデュース能力』なんだ」

二人は、は？　という顔をしました。

「あるオーディションでね、みんなジュリエットのセリフを読む。またかとうんざりしていたら、一人、乳母《うば》のセリフを読んだ若い女性がいたんだ。ジュリエットのそばにいつもいる乳母だ。びっくりしてね、その人に『どうして、乳母のセリフを読んだんですか？』って聞いてみた。そしたら、『私はジュリエットのタイプじゃないと思ったんです。で、乳母が面白いなあって思って。乳母は、演じがいがあると思うんです』って答えたんだ。僕はうなったね。彼女は、申し訳ないが、ルックスも体型もヒロインというタイプじゃない。彼女が一生懸命、ジュリエットのセリフを読んでも僕たちは、そんなに感動しなかっただろう。だけど、彼女は、乳母のセリフを本当に楽しそうに読んだ。実際、乳母というのは、とても素敵な役なんだ。『ロミオとジュリエット』にかかせない役だからね。

彼女は自分を知って、自分の魅力をちゃんと表現できる役を選んでいるんだ。そのことに僕はとっても感動したんだ」

二人は、じっと僕を見つめました。

「『自己プロデュース能力』って言うのは、自分を知るということなんだ。それは、業界用語で言うと、自分の『売り』を知るということだ」

「自分の『売り』……」

マサシ君が繰り返しました。

「乳母のセリフを選んだから、無条件で合格するわけじゃない。じつは、乳母は、とても難しい役なので、ちゃんとした演技力が必要になるんだ。乳母にはどれぐらいの演技力が求められるのか、自分は乳母に相応《ふさわ》しい演技力があるのかどうか、それを判断することが、自分を知るということだし、他の人とは違う、自分の『売り』を見つけることなんだ」

「あの……変な質問ですが、巨乳も『売り』になりますか?」

ユキちゃんが、妙に真面目な顔をして聞きました。

思わず、マサシ君が吹き出しました。

ユキちゃんは、さっと、マサシ君の方を向いてマサシ君のホッペタをつねりました。今度は、本気でした。

「ああ、もちろん、『売り』だ」

僕は、マサシ君の悲鳴を無視して答えました。

「ただし、巨乳は売りだけど、巨乳を売りにしている人はたくさんいる。だから、今の日本では、巨乳だけでは売りにならない。と、判断できるのも、『自己プロデュース能力』だ。巨乳で、たとえば、ダンスがとびきりうまいとか、演技ができるとなれば、それは立派な売りだ」

自分の「売り」の見つけ方

「でも、僕には、まだ自信を持って言える『売り』はありまひぇん」

マサシ君が、ホッペをもみながら言いました。

「ほとんどの人はそうだと思う。それが当然だ。だから、自分の『売り』を作るために努力するんだ。プロの俳優になるために必要な努力は、プロのサッカー選手になるために必要な努力と同じぐらいあるんだ。

街でいきなりスカウトされて、いきなりテレビドラマの主役になって、いきなり人気者になるなんてことはない」

「絶対ひぇすか？」

「いや、絶対ということは言えない。それが、俳優という職業の怖さであり魅力だ。でも、その人が、そのまま、なんの努力もしなければ三年で結果がでる。俳優を続けるための努力を死に物狂いでしないと、その人はどんなラッキーなデビューをしても三年で忘れ去られる。これは、絶対だ」

マサシ君は、真っ赤になったホッペタをさすりながら、僕を見つめました。

「じゃあ、ユキちゃんの質問に戻ろう。〝『ぶさいく村』出身だとなかなか、オーディションに受からないんでしょう？〟という質問の答えは、もう分かるね。どんなオーディションを受けるのか、そこで何を言うのか、すべては『自己プロデュース能力』に関わってくるんだ」

「いえ、よく分かんないス」

マサシ君が悲しそうに言いました。

「正しい答えはひとつじゃないよ。『自己プロデュース能力』を高めるためには、まず、自分が、自分をどう思っているのかをはっきりさせないといけない。私はジュリエットのセリフなんか絶対に言わないわって言ってる人が、じつは、他のドラマのバリバリの主役のセリフを選んだりしている。それは、審査員にとっては、同じことだ。『君は、その主役には向いていない』って思われるだけなんだ」

「自分で自分のことなんて、分かんないスよ」

マサシ君がさらに悲しそうに言いました。

「自分だけで自分のことを理解するのは、難しいよ。僕だって、高校卒業までは、自分のことを『イケメン村』出身だと思っていたんだから」

「それ、チョー笑えるー！」

ユキちゃんが、東北新幹線の天井を突き破るようなさわやかな大声で叫びました。

「……だからね、キャッチボールだよ。周りとのね。いろんな役をやって、周りがどう思うか、どんな反応をしているか、それを見ながら、自分自身のイメージを修正していくんだ。『ロミオとジュリエット』の中だと、ユキちゃんにぴったりの役はなんだと思う、マサシ君？」

「………シャイロック、ですか？」

「それは、別の芝居なの！」

ドスッという鈍い音がして、ユキちゃんのパンチがマサシ君の腹に入りました。不気味な低音でした。

「ユキちゃん、マサシ君は、なんの役が似合うと思う？」

「……あたしは、マサシは、ロミオ、いけると思います」

お腹を抱えてうずくまっているマサシ君の横で、ユキちゃんは、少し恥ずかしそうに答えました。

「じゃあ、ユキちゃん自身はどの役がいい？」

「鴻上さんの話を聞いて、迷いが吹っ切れました。私、乳母、つとめさせていただきます」

ユキちゃんは、片手を選手宣誓のように上げて言いました。

「うん……ゴホッ……似合うかも……ゴホッ……しれない」

やっと息を吹き返したマサシ君が言いました。

ユキちゃんは、照れながら、思いっきりマサシ君の背中を叩きました。車内全体に、乾《かわ》いた音が響き渡りました。マサシ君は、今度は背中に手を回してうずくまりました。

「それが正解かどうかは、やってみないと分からない。やってみて、周りの反応を見て、自分も判断して、自分のイメージを自分でつかんでいくんだ。それが、『自己プロデュース能力』を高めるってことなんだ。

くどいくらい念を押すけど、ジュリエットが一番で乳母が二番じゃないからね。「ジュリエット業界」も「乳母業界」も同じぐらい競争は激しい。どっちが上とか下とかないんだ。

さあ、いくつか、『いい俳優』になるために必要なものを挙げた。もっとあるかもしれない。いくつかは不要かもしれない。何が必要で何が不必要だったか、それとも、全部が必要だったか、不必要だったか、それは、君が『いい俳優』になった時に分かることだ」

二人は、微笑みながらうなずきました。

「じゃあ、次の話に急ごう」

第六章　『テーマ』ってなんだろう?

解釈が違えば演技も変わる

「ユキちゃんが、もうひとつ僕にした質問、覚えてるかい?」

「正直に申し上げましょう。忘れました」

ユキちゃんは、がに股に開いたヒザの上に両手を置いて、頭を下げました。

女子高生のおやじみたいでした。

マサシ君がユキちゃんに何か言おうとして、恐怖を感じたのか、やめました。

「演技のアプローチ法でWhereの時だよ。どんな家に住んでいるのか書いてないって説明したら、書いてないからどうにでも決められると思って、いつも悩むって言ったんだよ」

「ああ、そうでした。思い出しました」

ユキちゃんは、片手でオデコをしまったという風に叩きました。ちょっとおやじぶりがエスカレートしているようでした。

「……やりすぎ」

マサシ君が勇気を持って、でも怖いのか、ぽつりと小さく言いました。

「それから、ディレクターと俳優で、役に対するイメージがすごく違うことがあるって僕が言ったのも覚えてるかな」

マサシ君がうなずきました。

「これはすべて、『テーマ』と関係があるんだ。『テーマ』というのは、その作品の一番、言いたいことだ。

もちろん、本当に感動したら、『テーマ』なんて言葉にはならない。『私は、この作品の〝友情は大切だ〟というテーマに感動しました』なんて言ってる人がいたら、心からは感動してないと思って間違いない。

だけど、作品は、テレビでも映画でもラジオドラマでも演劇でも、多くの人が集まって作っている。だから、とりあえず、この作品の『テーマ』は『〜ということです』と俳優やスタッフに語る必要があるんだ」

「どうしてです？」とマサシ君が不思議そうに聞きました。

「ディレクターと俳優、ディレクターと他のスタッフとでイメージがすごく違ったままだと、作品はバラバラになってしまう可能性が高いからだ。

『ロミオとジュリエット』の例で話そうか。うんと簡単に言えば、若い二人が一目惚《ぼ》れをして、死ぬ話だ。

分かりやすくジュリエットの例でいくよ。ジュリエットの役をもらった人が、家で台本を何回も読んだ。とっても、感動して、『若さは素晴らしい』と思った。彼女はそれが『テーマ』だと思った」

「えっ!?『テーマ』って、そんなことでいいんですか？」

「もちろんだ、マサシ君。台本から感じた一番大切だと思うこと、それが『テーマ』だからね。一方、ディレクターは、この本を読んで、『若さはもろい』と思ったとしよう。それが、この作品の『テーマ』だと感じたんだ。さあ、ここで問題。『若さは素晴らしい』と思った人と、『若さはもろい』と思った人が同じセリフを言ったとする。言い方は、まったく同じだろうか？」

二人は下を向いて考え始めました。

「具体的な例をだそうか。

もう一度、ジュリエットの『ああ、ロミオ、どうしてあなたはロミオなの？』という有名なセリフだ。舞踏会《ぶとうかい》で一目惚れした相手が、自分の家と憎み合っているモンタギュー家の息子・ロミオだと知って、思わず、バルコニーで口にしてしまう、このセリフで考えよう。

どうだろう？　同じかな？　違うかな？　ユキちゃん、どうだい？」

「……全然違うってことはないと思うんですけど、まったく同じでもなくて……少しは違うと思います」

「どんなふうに？」

「えっと……『若さは素晴らしい』と思っている人は、なんか、前向きのエネルギーがいっぱいの感じで言うんじゃないですかね。でも、『若さはもろい』って思っている人は、もっと、ヒリヒリしている感じで……」

「なるほどね。マサシ君はどうだい？」

「僕も、そんな感じです」

「そうか。じつは、僕もそう感じる。『若さは素晴らしい』が『テーマ』なら、このセリフは熱っぽく語られる。負けるもんかっという匂いを入れてもいいだろう。『若さはもろい』なら、このセリフは、どこか神経質でこわれ物の匂いを漂《ただよ》わせた語り方になるだろう。やがての死の予感に怯《おび》えていてもいい。

だから、『テーマ』が違うと、セリフの言い方が微妙に変わるんだ」

「でも、正解はひとつなんでしょう？」

マサシ君が聞きました。

「正解？」

「どっちの『テーマ』が正しいんですか？」

「どっちも正解だよ。どっちも、『ロミオとジュリエット』の正しい『テーマ』だ」

「どっちも!?」

「そうさ。『テーマ』の正解は、たったひとつじゃない。無数にあるんだ。作品は、いろんな読み方ができるんだ。

『ロミオとジュリエット』の例で続けようか。

ロミオとジュリエットの二人は、親に反対されて死ぬんだ。親との関係に苦しんでいる人が読んだら、『親の無理解』が『テーマ』だと考えるかもしれない。

両家の対立を、もっと現代的に考えて、『ふたつの陣営の対立』という『テーマ』にもできる。外国に長く住んだ人、両親の国籍が別々の人、好きになった相手と自分の国籍が違った人、そういう人は、真っ先に、この作品からそういうことを感じるかもしれない。モンタギュー家がアメリカっぽくて、キャピュレット家がイスラムっぽい衣裳を着る、なんていう演出だってできる」

「なるほど」と、ユキちゃんは小さく言いました。

「まだまだある。『愛の素晴らしさ』も『愛の残酷さ』も『テーマ』になる。『親の無理解』がテーマなら、『ああ、ロミオ、どうしてあなたはロミオなの？』というセリフは、厳しい親を思いながら、怒りの口調になるかもしれない。『ふたつの陣営の対立』なら、もっと絶望的で、恋愛だけじゃなくて、政治の匂いも漂うかもしれない。『愛は素晴らしい』なら、切なくてたまらない言い方になる。それでも、愛する人と出会ったことの喜びが匂うだろう。『愛の残酷さ』がテーマなら、ひょっとして、涙を流しながら絶叫するかもしれない」

「じゃあ、作者の言いたいことはどれなんですか？」

マサシ君が、やっぱり納得できない、という顔で聞きました。

「全部かもしれない。この中にないかもしれない」

マサシ君が、そんなという顔をしました。

「論文やエッセーなら、『作者の言いたいこと』をひとつにすることは可能だろう。それが国語の試験だ。でも、物語・ドラマは違う。ドラマは、どんな解釈、どんな『テーマ』で読むことも可能なんだ。だって、作者のシェイクスピアはもう死んでいて、『〜がテーマです』なんて書き残してないんだからね。作者が考える正解なんて、誰にも分からないんだ。だから、今もなお、いろんなテーマで世界中で『ロミオとジュリエット』は上演されているんだ。

でもね、俳優やスタッフに対して説得力のある『テーマ』なのかどうかは重要だよ。『二人の恋はニセモノで二人はサカリのついたただのバカだった』という『テーマ』で上演すると宣言した演出家がいたとして、誰がついていくか？　観客は感動するか？　という問題はあるだろうね」

ユキちゃんはうなずきました。

「じゃあ、今、生きている作家の場合は、どうですか？　『テーマは〜です』ってひとつに言ってもらえばいいじゃないですか」

「いや、マサシ君、自分からテーマをひとつに限定する作家はあんまりいないんだ。それは、演出家の仕事なんだ。それが、演出家や監督やディレクターの最初で最大の仕事なんだ。作家は、その仕事を奪うつもりはない。奪いたいとも思ってないと思うよ。どうしてかは、やがて、君が生きている作家に会ったら聞いてみるといい」

もっと聞きたそうな顔をしているユキちゃんに、僕は微笑みました。

＊

「さて、まとめるよ。『テーマ』が変われば、少しずつ、セリフの言い方は変わる。だから、君は、まず、ディレクターや監督や演出家が、この作品をどんなふうに演出するのかを知る必要がある。君だけじゃない。他の共演者もスタッフもだ。音楽家はそれを聞いて、曲を作る。美術家はそれを聞いて、セットを作る。衣裳デザイナーも同じだ。

それを知らなければ、何も始まらない。『愛の残酷さ』が『テーマ』だと言っているのに、愛の素晴らしさを歌い上げる感動的な曲を作っても意味がないし、メルヘンのような愛の宮殿のセットを作っても意味がない。

『テーマ』という言い方をしない人でも、『見せたいのは～』とか『一番大切なのは～』とか『大事なのは～』なんて言い方で『テーマ』を語ってるんだ。

『テーマ』は、全員が一緒になって走っていく目標なんだ。どんなに立派なセットでも、みんなが走っていく方向と違っていたら、それは間違いなんだ。美術家さんだけが、違う方向に走ったことになるんだ。

だから、君が、ちゃんとやっているると思っているのに、まったく演技にオッケーがもらえないことがあれば、ひょっとしたら、作品の『テーマ』を誤解しているのかもしれない、と考えてみるのも無駄じゃない。

『愛の素晴らしさ』がテーマだと勝手に思って、一生懸命、ロミオに会いたいと『ああ、ロミオ、どうしてあなたはロミオなの？』って君は言っているとしよう。が、じつは、監督は、『愛の残酷さ』を表したいのかもしれない。その場合は、このセリフは、もっと苦しんで言った方が『テーマ』に沿った言い方になる。苦しみのセリフとして言おう、という解釈が、この場合は正解になるんだ」


「感じたまま」は演技ではなく「癖《くせ》」である

「そんなにいろんな言い方って、ふつう、するんですか？」

マサシ君が、まったく分からないという顔をして、さらに言いました。

「僕は感じたままを言うのが、一番、いいと思ってるんですけど……」

「マサシ君、それが演技に対する一番多い誤解なんだ。じつはね、感じたままに言うのは、演技じゃないんだ」

「じゃあ、なんなんですか？」

「それは、癖《くせ》なんだ」

「癖!?」

「そう。癖は、どんな風に言おうかという表現を考えてないんだ。君が演技の天才ならそれでいい。天才は無意識に、作品の『テーマ』と『解釈』がディレクターと一致するんだ。でも、天才じゃないなら、どの言い方がベストなんだろうって探す必要があるんだ。だから、プロの俳優は、『ああ、ロミオ、どうしてあなたはロミオなの？』というセリフを、何十通りでも言えないといけないんだ。それも、本心からね」

マサシ君の目が大きく開かれました。

「自分の癖を自分の演技だと思っている人は多い。そういう人は、残念ながら、いつも同じ言い方になる。癖だからね。そして、観客から飽きられていく」

ユキちゃんのペンが動きだしました。

「『テーマ』を知り『解釈』を決めることと、『演技』に対する五つのアプローチは、同時に並行しておこなうことがいいと思う。

最初の例に戻ろうか。

『家で大きな声なんか出せないですよ』という後輩のセリフだ。

もし、この作品の『テーマ』が『部活動の素晴らしさ』なら、セリフの解釈は、たいていは前向きになるだろう。『大きな声を出したいけど、家の事情で出せない』っていう気持ちだ。この場合の具体的な『目的』は、『大きな声を出したい』で、『じゃまするもの』は、君の家の事情だ。狭いのか、兄弟か姉妹がバカにするのか、親が部活をやめろと言っているのか。

『じゃまするもの』が台本に書かれてなければ、君が決めればいい。

いい台本には、『じゃまするもの』がちゃんと書いてあるって僕は言った。覚えてるかな。水準の低い台本には、書いてない場合がある。その場合は、台本に矛盾しない範囲で、君が一番納得して、一番ドキドキする『じゃまするもの』を場合によってはディレクターや演出家と相談して、君が決めるんだ。

もし、『テーマ』が、『部活動なんて最低だ』だとすると、ひょっとしたら、『うぜぇんだよ、お前は』というシビアな解釈になるかもしれない。『目的』は、『今、ここで部活をやめたい』で、『じゃまするもの』は、目の前の先輩だ。『すぐに、部活をやめたいのに、お前はやめさせてくれない。それどころか、家で大きな声を出せという。ふざけんじゃねーぞ』となる。分かるかな？」

「……分かったと思います」と、マサシ君は答えました。

ユキちゃんの顔を見ると、しっかりとうなずきました。

「さあ、いよいよ、最後の話だ。東京まであと二十分ぐらいか。急ごう」

僕は、座席に座り直して言いました。

二人もつられて、座り直しました。

ちょうど、大宮駅を過ぎたところでした。

第七章　俳優を続けるために大切なことってなんだろう？

俳優は失業を前提とした職業

窓の外には、だんだんとビルの夜景が多く見られるようになってきました。

「君がラッキーにも問題のない事務所に所属できたとする。そして、最初の仕事をしたとする。君は、間違いなく興奮して、もう自分はプロの俳優になったと感激するだろう。だが、そこから、本当の苦しみは始まる。その苦しみに比べたら、デビューまでの苦しみなんて、じつはたいしたことがなかったと感じるぐらいの苦しみだ」

マサシ君が、ちょっと怯えた目で見ました。

「君は、最初の仕事を終えた後、すぐに失業する。失業して、膨大《ぼうだい》な時間を持て余す。失業期間は、一週間かもしれない、一ヵ月かもしれない。半年かもしれない。一年かもしれない。恐ろしいことに、失業期間がどれぐらい続くか、君には分からない。

普通の失業だと、君は、自分で失業期間をある程度縮めることができる。不本意だけどまったく違う仕事につくとか、自分から売り込みにいくとか。けれど、俳優の失業の場合は、声がかかるまで、待つしかない。不本意な仕事もなにも、君は俳優の仕事だけを待っている。だから、ひょっとすると、失業は延々と続く」

「鴻上さんは、ここまで来て、俳優を目指すことをやめろって言ってるんですか？」

思わず、ユキちゃんが言いました。

「違う。俳優という職業は、基本的にそういうものだということを分かっておいてほしいんだ。俳優は失業を前提とした職業なんだ。

全体をカバーする統計がないんだが、たとえば、芸団協（日本芸能実演家団体協議会）という組織の二〇一四年版の調査報告書では、現代演劇の俳優の一年間の平均年収が、１００万円未満の人の割合は、13・5パーセント。１００万円から２００万円未満が21・8パーセント。２００万円から３００万円未満が28・2パーセント。

これで、全体の63・5パーセントだ。３００万円から４００万円未満が11・1パーセント。これで、全体の74・6パーセント。

ただし、この調査の回答者の平均年齢は51・6歳なんだ。つまり、もうベテランの俳優達で、テレビや映画、演劇関係の協会組織に所属している人たちを対象とした調査なんだ。だから、どこにも所属していない若手が入ると、この数字は当然、低い方に集まる。

まだ、この数字はピンと来ないかもしれない。でも、五十歳の俳優の六割が最大でも月二十万円ちょっとの収入しかないんだということを理解してほしい。それでも、稼いでいる方なんだ。

イギリスでは、俳優組合に所属しているメンバーのうち、一年間で三十週以上働いたのは、20パーセントだと出ている。48パーセントは十一週以下だ。一年間、まったく仕事ができなかった人も当然いる。俳優組合に入っていない人の場合は、もっと、実働日数は下がると思われる。

うんと乱暴なことを言えば、一年間、一定の期間、ちゃんと働いたと言える俳優は、日本でもイギリスでもアメリカでも、俳優全体の20パーセント以下なんだ。俳優の大多数は、俳優以外の仕事をしながら、出演依頼が来るのを待っている。君は、これから、そういう生活をすることになる。

もちろん、豪邸を建てた人もいる。けれど、それは、本当に少数派なんだということを知っておいてほしい」

「ちょっと胃が痛くなってきました」

マサシ君が、小さい声で言いました。

「そういう職業だと分かった上で、僕は、失業している間、ただ、待つだけだとあまりにももったいない、自分からチャンスを作るのがいいと、いつもアドバイスしている」

「チャンス？」とユキちゃんが目で聞きました。

仕事がない時間をどう過ごすか

「自分達でテレビ番組は作れない。ちゃんとした映画も無理だろう。でも、例えば演劇ならできる。仲間を集めて、演劇の自主公演をするなんてことができる。もちろん、ギャラはない。それどころか、自分達でお金を出さないといけない。でも、バイトだけで毎日が終わったり、家でただボーッとするより、はるかに、前向きで建設的なことなんだ。

俳優は、いつ、仕事が来るか分からない。一年ぶりに演技をする、なんてことも当然ある。その時、現場でちゃんとできるかどうか、誰でも不安になるだろう。演技の水準も、当然、下がるだろう。でも、自分達で自主公演をしていれば、演技のカンはさびつかない。

この前、ある俳優のグループの代表と知りあった。そのグループは、若いディレクターや助監督を呼んで、十分ほどの映像作品を撮ってもらっていたんだ。そして、それをＹｏｕＴｕｂｅに発表する。演劇じゃなくても、こんなことができる。とてもいい方法だと思う。

若いディレクターや、監督になりたい助監督は、演出する機会を探している。一方、俳優達は、お金にならなくても、演技ができる場所を探している。両方の希望は、じつは一致している。

俳優のリーダーが、両者をあわせて、映像作品を撮ってもらっているんだ。大学の映像サークルがちゃんとしたお金を払えないけれど、演技のできる俳優を捜している場合もある。この場合も創り手と俳優、お互いに大きなプラスがある。

これは、未来へのチャンスなんだ」

「未来？」とユキちゃんが聞きました。

「自主公演の場合は、俳優は、客席にディレクターを招待することができる。自主映像の場合は、ディレクターや助監督がいよいよ作品を撮る時に、思い出してもらえる可能性がある。

そして、自主公演も自主映像作品も、そのまま、俳優の宣伝材料になる。

自分一人で映像作品を創ってネットに上げるという方法もあるだろう。でも、できれば誰かから「演出」を受けて欲しい。その方がより実践的で上達しやすいと思う。客観的な目があった方がいい。

日本は、じつは、〝作品のためのオーディション〟が欧米に比べて少ない。どうしても、知っている範囲でキャスティングされていく傾向がある。

じっとしていては、誰にも知られない」

「えっ、でも、マネージャーが売り込んでくれるんじゃないんですか？」

マサシ君が思わず言いました。

「ちょっと想像してみてくれないか。君はテレビ局のディレクターだ。マネージャーがやってきて、ある若い俳優のプロフィール、つまり写真と経歴が書いてある紙を君に見せて『すごくいい俳優だから、今度、使って下さい』と言ったとする。マサシ君は使うかな？」

「……いや、それだけじゃあ、たぶん、使わないと思います」

「どうして？」

「だって、どんな演技するのかとか、まったく分からないんですから」

「そうだ。でも、そこでマネージャーが、『これ、本人がちょっと公演をやった記録映像なんです。一分間だけ、見てくれませんか？』と言って、ノートパソコンやタブレット、スマホで君にその俳優の演技を見せたとしたら？」

「判断しやすいですね。そうか、そういうこともできるのか……」

マサシ君は、そう言った後、すぐに、

「でも、自分達で自主公演なんかしなくても、マネージャーがやってくれないんですか？」

「いいかい。プロになるということは、ビジネスの世界に生きるということだ。君がまったくお金を稼いでないのに、マネージャーは、君に時間をかけることはできない。

君が十年に一人の素材だというのなら、マネージャーは、積極的に面倒を見てくれるだろう。だが、それは、一万人に一人、いや、十万人に一人だ」

マサシ君は少し悲しそうな顔をしました。

「君がお金を稼げるようになれば、マネージャーはちゃんと君の面倒を見てくれる。一般的に、俳優事務所は、俳優のギャラの何十パーセントかをマネジメント料として引いている。君の稼ぎが多くなれば、事務所は、君を大切にして、いろいろと面倒を見てくれるようになる。

だからこそ、君にまったく仕事がこなければ、事務所は君に何もしてくれない。せいぜい、オーディションの情報を教えてくれるぐらいだ。それは、ビジネスとしては当然のことなんだ」

「でも、売り込むのがマネージャーの仕事でしょう」

マサシ君がちょっと強い口調で言いました。

「仕事のない俳優とお酒を飲むとね、『マネージャーがダメだから、売り込みが成功しない』って文句を言うんだ。で、そのマネージャーと飲むとね、『役者がダメだから売り込んでも成功しない』って言うんだ。不幸な事務所だと、俳優とマネージャーが、そうやって、お互いの文句ばっかり言ってる。そんな状態になってしまうのは、悲しすぎる。

だから、自分でチャンスを作るんだ」

「他にはどんなことですか？」

ユキちゃんが、ノートのページをめくりながら聞きました。

「ディレクターや監督、プロデューサーにこびる必要はない。ただ、一度仕事をして、親しくなったのなら、メールを交換するとか、年賀状を出すなんてことも大切だ。その監督の新作をちゃんと見て、その感想をちょっと書き足すとか、自分の自主公演の案内を送る、なんてことが、君をずっと覚えてもらうことになる。忙しい演出家や監督なら、自主公演に来ないかもしれないけど、『ああ、ちゃんとやってるんだな』と思われることはとても大切だ。

演劇だと、いろんな舞台を見に行くことは、重要だ。そこで、演出家がいれば、ちゃんと挨拶《あいさつ》する。媚《こ》びる必要は絶対にないから、人間として挨拶すればいい。出演者たちがお酒を飲みに行くのなら、つきあうことで、俳優仲間のネットワークがひろがる。そこから、仕事の依頼が来ることもある。

若いスタッフを大切にすることも重要だ。アシスタント・ディレクター、助監督、演出助手、みんな、将来的には一本立ちして、作品を作る可能性がある。ディレクターや監督、演出家だけを見つめるんじゃなくて、そういう若い人たちもちゃんと見つめよう。そして、この人はすごいと思った人がいたら、積極的に知り合いになろう。

あとは、待っている時間を無駄にしないことだ。

『いい俳優』の時に言ったように、いろんな習い事をするのも大切だ。いろんな作品を見ることも大切だ。

それから、『いいバイト』を見つけることも大切なんだ。業界では、『バイト運』という。いや、一部で言うんだけどね。

理想のバイトは、俳優の仕事が入ったらすぐに休めて、それでもクビにならないところだ。理解のある雇用主との出会いがカギかもしれない。

そうやって、俳優として失業している間、腐らないで元気に生活するんだ」

俳優になりたい動機が、その俳優の水準を決める

マサシ君がひとつため息をつきました。

「なんだか、俳優になるの、だんだん、気が重くなってきました」

ユキちゃんが、マサシ君を見て、ちいさくうなずきました。

突っ込まれると思っていたマサシ君は、ちょっと意外な顔をしました。

「私もです」とユキちゃんの顔は語っていました。

上野駅に近づく車内アナウンスが流れました。

「さあ、ここで、もう一回、どうして俳優になりたいのかを思い出してほしいんだ。

俳優になりたい動機はなんでもいいって僕は言ったね。人気者になりたいという動

機でもいいんだって。でもね、それは始まりはなんでもいいという意味なんだ。なぜなら、『俳優になりたい動機が、その俳優の水準を決める』からなんだ。ただ人気者になりたいだけの俳優が与える感動は、それだけのものなんだ。もてたいだけで俳優になった人のくれる感動は、それだけの感動なんだ。マサシ君は、もし、人気者になったら、それでもう、終わりかな？」

「どういう意味ですか？」

「だから、人気者になって、女の子にうんともてるようになるのがゴールかな？　もし、そのゴールにたどりついたら、もう、俳優をやる気はなくなるかな？」

「いやそんなことは……」

「今、ちょっと考えてみてよ。ユキちゃんはどうかな？　ユキちゃんは、いろんなキャラクターになりたいって言ってたね。いろんなお話が好きで、それが、俳優になりたい動機だって」

「はい。そうです。だから、私は終わりがないんです。死ぬまでいろんな役になって、いろんな物語を経験したいんです」

「『俳優になりたい動機が、その俳優の水準を決める』から、ユキちゃんの演技は、観客に、いろんな人の人生を教えてくれることになるだろうね」

「いろんな人の人生？」

「だって、いろんな人になりたいということは、いろんな人の人生を経験したいってことじゃないかい？　それを見る観客は、いろんな人の人生を、客席にいながら体験できるんだ。素敵なことじゃないか」

「そうです。本当にそうです」

ユキちゃんは、何度もうなずきました。

僕はずっと下を向いて考えているマサシ君に声をかけました。

「さあ、マサシ君、どうだろう？　人気者になったら、それで、終わりかな？」

マサシ君は、顔を上げながらゆっくりと、

「よく分かんないです。でも……なんか、演じることって楽しそうだなって気はしてるんです。あの、今回の××高校の作品見て、僕、……震えたんです」

「あ、あたしも！」

ユキちゃんが叫んだ。

じつは、僕も震えた。それは、荒れた高校で、文化祭にクラスでうどん屋さんをやろうとして、失敗する話だった。

「……なんか、すげーなって思ったんです。こんな気持ち、映画の『ハリー・ポッター』見た時以来なんです。なんで、こんな舞台で、『ハリー・ポッター』と同じぐらい震えるんだろうって不思議だったんです」

「それは、感動したからだろう。僕も震えたよ」

「……なんか、こんなに人を感動させるってすごいなって思ったんです。こんなこと、僕もできたらいいなって……」

「それは、人気者となんの関係もないね」

マサシ君が、はっとしました。

「覚えてる？　人気のないテレビドラマに出たら、『人気者』にはなれないかもしれないけど、『俳優』にはなれるって言ったこと。

高校演劇は、まだまだマイナーだろ。マサシ君だって、ユキちゃんに強引に誘われなけりゃ、知らなかっただろう。観客の数だって、うんと少ない。約二千の高校が全国で参加しているのに、信じられないぐらいマスコミからも無視されてる。

でも、震えるような作品がある。その作品を見た人は、たぶん、一生、忘れない。その人の生き方に、ずっとあとで影響を与えるかもしれない。その人が苦しい時を乗り越えるエネルギーになるかもしれない。死のうと思っていた人を勇気づけるかもしれない。それは、観客の数や人気とは、関係のないことなんだ。

ただ、俳優は直接、観客と出会う。観客の心の中に入っていく。そして、それが幸福な出会いなら、観客に何かを残す。それが、俳優の仕事だ。俳優が作者の言葉を伝えることで、ただひとつできることだ。

〝震えるような作品〟は、俳優と観客の最高に幸福な出会いだ。そんな出会いに、人生で何回か出会いたいと思って、俳優は失業に負けないんだ」

才能とは……

もうすぐ、東京に着くと車内アナウンスが告げました。

「僕は、君たちに、絶望もファンタジーも語るつもりはない。プロの俳優になるということは、とても厳しく楽しくほとんど不可能で可能性に満ちている。

僕は毎年オーディションをしているんだけど、必ず、三十歳の女性が何人もやって来るんだ。彼女達は、みんな、同じことを言うんだ。今までずっとＯＬをやっていて、三十歳になった時にやっと、会社を辞めて、俳優になりたいと決めたと語るんだ。本当は、高校を出た時に俳優になりたかったんだけど、親に反対されてやめた。大学に行って、大学を卒業する時に俳優になりたかったんだけど、親に反対されてやめた。三十歳になって、やっと、親が反対しても自分のやりたいことをやろうと思った。そう言うんだ。

でもね、同じオーディション会場には、十八歳の俳優志望者と、経験をたっぷり積んだ三十歳の俳優がいるんだ。

残酷なようだけど、未経験で三十歳からプロの俳優になる、というのは遅すぎる可能性が高い。サッカー選手とかピアニストで考えたら、すぐに分かると思う。三十歳から、プロのピアニストになれるか——俳優は、それぐらい、技術を要求される職業だからね。

もちろん、可能性はゼロじゃない。特に、映像の方が舞台より可能性が高い。演劇は俳優のスキルがむき出しになるけど、映像は才能ある監督やディレクターが、その人を素材として上手に料理する場合がある。

でも、僕はずっと応募を我慢していた人を見ると、いつも、同じことを思うんだ。

『夢を諦《あきら》めきれないと分かっていたのなら、どうして、もっと早くオーディションを受けなかったのですか』

もちろん、そんなことは言わないよ。とても失礼なことだからね。でも、本当にそう思う。だからね、どうしても自分の夢にトライしたいと思うのなら、いくつであろうがやってみた方がいいんだ。人間はそんなに簡単に夢を諦めきれないからね。でもし、簡単に諦められるのなら、絶対にトライしちゃいけない。俳優は、人生を簡単に棒に振る可能性のある職業だからね」

「でも、才能がないかもしれないでしょう」

　マサシ君が、ぽつりと言いました。

「俳優の才能がないのに、トライしても……」

「僕の書いた『ビー・ヒア・ナウ』という作品に、自分には才能がないかもしれないって悩む作家志望の人に言うセリフがあるんだ」

「何です？」

「才能とは夢を見続ける力のことですよ」

　ユキちゃんが、ハッとした顔をしました。

「さあ、僕が言えるのは、ここまでだ」

　ちょうどその時、東北新幹線は、東京駅のホームに滑り込みました。

　二人は、弾《はじ》かれたように立ち上がりました。

「ありがとうございました！」

　ユキちゃんが大きな声で叫びました。

マサシ君は黙っておじぎしました。

顔を上げた時、何か言いたそうでした。

「マサシ、行こう！　乗り換えよ」

ユキちゃんは、そう言いながら、マサシ君の手を引っ張りました。

「……あの、また会えますか？」

マサシ君は、小さく、そう言いました。

僕は微笑みました。

「じゃ、鴻上先生！　さようなら！」

ユキちゃんは、マサシ君の手を引っ張りながら、通路を走っていきました。

マサシ君は、それを振り払って、ユキちゃんの後に続きました。

二人の後ろ姿を僕は目で追いました。

新幹線を降り、改札に向かう人込みを歩いていると、少し先に、ユキちゃんとマサシ君達の集団が見えました。

ユキちゃんは、興奮して周りの人に何かを話しているようでした。マサシ君は、その横でただ微笑んでいました。

僕はその姿を見ながら、「次に会える時がプロの現場だったらいいね」と心の中で声をかけました。

テレビ局か撮影所か劇場で、「あれ、どこかで見たことのある俳優さんだな」と僕が思い、「じつは、東北新幹線の中でお話をうかがったものです」なんて会話ができたらどれほど幸福か。

そうなるか、そうならないか、それは、誰にも分からない。そうなるかもしれないし、そうならないかもしれない。

二人の背中に、僕はそう語りかけました。

人込みにもまれながら、二人の集団は、改札を抜け、右に曲がりました。

集団の一人が指差した先には、『東海道新幹線』への矢印が見えました。

僕は左に曲がり、中央線のホームへ向かいました。角を曲がろうとする時、最後にもう一度、僕は振り返りました。

忙しそうに歩く人たちの群れの向こうに、かすかに二人がいる集団は見えました。

旅人とサラリーマンの雑踏の中に、高校生の制服は飲み込まれていきました。

「そうなるかもしれない。そうならないかもしれない」

人込みの中で二人の背中がちらりと見えた気がした時、僕は、もう一度、つぶやいていました。

あとがき

二人に話さなかったことがあります。

今回、僕はずっとプロの俳優について語ってきました。けれど、演技の楽しさ、役になることの素晴らしさ、物語を演じることの面白さは、何もプロの俳優でなくても味わえるということです。

アマチュアの俳優でも、経験することは可能なのです。

けれど、プロを目指して野望に燃えている二人には、今は話す時期ではないと思いました。

この本を読んでいるあなたも、もし、まだその時期でないのなら、ここは読まなくてかまいません。

けれど、あなたがプロの俳優になろうとして深く傷つき、けれど、俳優であることを捨てられないのなら、アマチュアとして続けていく道もあるということを、どうしても伝えたいのです。

こう書く僕も、ある時期までは、アマチュアの俳優を、プロより一段下のものだと見ていました。

作品も甘く、演技も下手だと思っていたのです。

ある時、中部地方に講演会に呼ばれ、そのまま、地元の劇団の稽古に来てくれませんかと言われました。

時間は、夜の九時を過ぎていました。

案内された公民館では、主に中年のおじさん・おばさんが、一生懸命、練習をしていました。その演技は、おせじにもうまいとは言えませんでした。片隅《かたすみ》では、演技を終わった人達が、衣裳の打ち合わせをしていました。

それは、シェイクスピアの作品だったのですが、中年のおじさん達が一生懸命、一六世紀のイタリアの服について話していました。

その時、僕は、ふと、「もし、この人たちが、演劇をしていなければ、今、なにをしていたのだろう？」と思いました。

想像はすぐにできました。多くの中年のおじさん達のように、居酒屋で上司や部下の悪口を言いながら酔っぱらっているか、家でビール飲みながらうとうととテレビを見ているか、残業に疲れ切っているか……。

でも、今、目の前にいるおじさんたちは、一六世紀のイタリアの衣裳を熱く語っている。

そのおじさん達の目のなんと生き生きと輝いていることか。どこの居酒屋を探しても、どこの家庭を探しても、こんなに輝いた目をしたおじさん達はいないだろう。

僕は、その瞬間、アマチュアの俳優であることの素晴らしさを実感したのです。

それはたぶん、プロ野球を目指して挫折した人が、仲間同士の草野球でもう一度、野球の素晴らしさを実感することと似ているのかもしれません。

もちろん、初めから、プロ野球を目指さないまま、草野球の素晴らしさを満喫している人もいるでしょう。

スポーツ界では、アマチュアでやることの素晴らしさが、ようやく広まってきました。けれど、俳優はまだまだです。

日本全国には、数えきれないぐらいの社会人劇団があります。みんな、仕事のあと、集まってわいわいと作品を作っています。

それは、かけがえのない素敵な生き方です。

プロの俳優を目指した人も目指さなかった人も、かつてプロの俳優だった人も、みんな、ひとつになって作品を作るのです。

僕は、まだ出会っていませんが、全国には、アマチュアの映像作品や映画を作り続けている人もいるはずです。

みんな、アマチュアの俳優の素晴らしさを体験している人達なのです。

ですから、あなたが、もし、プロの俳優を目指し、そして傷つき、どうしようもなくなったとしても、アマチュアとしての俳優を続ける道はあるんだと忘れないでください。

三十歳から始めてプロになるのは厳しいと書きましたが、アマチュアなら、いくつからでも始められます。六十歳からでも七十歳からでも大丈夫です。

演じることは、「作者の言葉を伝えること」であり、それは、「他人になること」です。そのことに、プロもアマチュアも、本質的な違いはありません。

ただ、ビジネスになるかどうかです。

その差は、もちろん大きいものですが、けれど、演じることで感じる喜びは、同じなのです。

プロの俳優に挫折したとしても、人生の素敵な喜びまで捨て去ってほしくないと、僕は願うのです。

こう書く僕も、いつ、仕事がなくなるか分かりません。プロとしての現場をすべて失う可能性が、いつもあります。

僕達の仕事には、なんの保証もないので、そんな事態が絶対にない、なんて誰も断言できないのです。

プロだった仲間たちの何人かが、確実に、毎年、プロを続けることができなくなっています。

けれど、もし、僕がプロでなくなる日が来たとしても、僕は演劇を続けるだろうと思っています。もちろん、演劇以外に、本当にやりたい仕事と出会えれば、そんな必要はありません。けれど、まだ演劇への愛が続いているのなら、僕はアマチュアの劇団を作って、アマチュアの俳優達と、年に一回でもいいから発表会をするだろうと思います。

それは、演じることの素晴らしさを知っているからです。演劇の魅力を知っているからです。

プロでなくなった時が、演じることの終わりではないのです。

そしてそれは、こんな意味でもあります。

昔、大学で演劇をやっていた後輩が、手紙をくれました。

「大学時代、俳優をやっていたことが、今の中学教師という職業に大変、役立っています」と書いていました。

すぐに、よく通る声と表現力豊かな彼の姿がうかびました。彼は教壇をステージにしたのです。

優れた演技のテクニックで魅力的に授業をしている彼は、立派な教師であり、同時に立派な俳優と言っていいと僕は思っているのです。

なお、もっと詳しく演技について知りたいと思った人は、『演技と演出のレッスン』(白水社)をお勧めします。発声や動きに関しては、『発声と身体のレッスン』(白水社)があります。演技ではなく、表現を追求したければ、『あなたの魅力を演出するちょっとしたヒント』(講談社文庫)、『表現力のレッスン』(講談社現代新書)をどうぞ。きっと、お役に立つと思います。

おまけ　台本の創り方

　この本の最初のバージョン『俳優になりたいあなたへ』を出した後、ユキちゃんの後輩だというチカちゃんから僕の事務所にメールがきました。それは、「演劇部で上演する台本が決まらない！　どうしたらいいんですか！」という悲鳴のようなものでした。

　高校生だけではなく、大人だってなかなか台本が決まらないことがあります。そういう時、どうしたらいいかを、文庫版のおまけとして書いておきます。

　正式な台本の書き方ではありません。それは、作家志望の人向けにちゃんと書きます、と約束してもう十年以上たっています。すみません。待ってて下さい。必ず書きます。

　今回のおまけは、そういう専門的なものではなく、高校生や経験の少ない俳優達が、なんとかそれなりの台本を手に入れる方法です。

とにかく、大切なのは台本です。演劇だと戯曲、映像だと脚本とかシナリオとか呼ばれます。これがしっかりしてないと、俳優がどんなにがんばっても、演出家やディレクターや監督がどんなにふんばってもなかなかいい作品にはなりません。

だって、台本がムチャクチャだと、「俳優がなんで泣いているか？」なんてことがまったく分からなかったりするのです。

舞台を見ていて、「ああ、目の前の俳優さんは本当に泣いているなあ。悲しそうだなあ。でも、なんで泣いているのかなあ。まったく分からないなあ。さっきの家族との会話で何が問題だったんだろうなあ。ああ、分からない」となってしまっては、どんなにリアルな・素敵な・感動的な演技でもまったく観客には伝わらないのです。

高校の演劇コンクールで審査員をしていて、一番困るのがこのケースです。みんな熱気にあふれてがんばっているのに、台本がひどくて、なんの感情移入もできないことがたまにあるのです。

そういう時、感想を求められても、なんと言ったらいいか困ります。「台本が悪い」とは、口が裂《さ》けても言えません。だって、そんなことを言ったら、台本を書いた人の全責任になってしまいます。感想を語って、個人攻撃の原因なんて作りたくはないのです。

だいいち、そういう人は、「他に書く人がいなかったから」とか「顧問の先生がどうしても書きたくて」とか「頼まれたのでしょうがなく」とか、それぞれの事情があるはずです。

なのに、「お前の書いたもののせいでつまらない」なんて言われたら、そりゃもう、やりきれなくなるでしょう。

悲しいことを書いてますが、逆に言えば、台本がよければ作品はなんとかなります。俳優が未熟でも、スタッフや演出家が中途半端でも、台本がいいとある程度の水準に連れて行ってくれるのです。

なので、まず、演劇の台本を選ぶ時の場合で言うと、

❶既成の戯曲を使う場合

この場合は、登場人物の欄だけで決めないこと。読んでみて、あなたが面白いと思ったモノを使うこと。

なんだ、当たり前じゃんと思ってはいけません。私達は、国語の教科書で、ちっとも面白いと思わないのに、古典だの名作だのと言われているから、きっとすごいんだろうという「洗脳教育」をたっぷりと受けています。

特に高校生の場合なんかは、よく分かんないんだけど名作って言われてるし、顧問の先生も推薦するしなあ、と思って作品を選ぶと、後でひどいしっぺがえしを食らいますよ。

だって、表現するということは、自分の感動を相手に伝えるということなのです。あなたが感動してないものは、たとえ一生懸命やっても、相手に感動を伝えられるはずがないのです。

部員や劇団員と同じ数の登場人物の戯曲を見つけて、やったああ！と喜ぶ気持ちはよう く分かりますが、ちょいと待った方がいいのです。

戯曲の登場人物が多いのに、劇団員や部員の数が少ない場合は、一人が何役もやるという方法やいくつかの役を「なんとか」するという方法があります。

シェイクスピアのように作者が死んで何百年もたち著作権が切れている場合は、カットすることは可能です。著作権が切れているかどうかは、ネットで調べるか戯曲が出版されていれば出版社に問い合わせてみれば分かります。日本では作者の死後五十年で著作権が切れましたが、ＴＰＰ（環太平洋パートナーシップ協定）というやつで、死後七十年たたないと著作権が切れないようになります。

問題は、著作権が切れてない場合です。やりたい戯曲を書いた作者から上演許可がおりたとしても、勝手に内容を変えてはいけないのです。

これは、難しい言い方をすると、「著作者人格権」の中の「同一性保持権」というものです。勝手に内容を変更すると、つまり、配役や内容をカットしたりすると著作権法違反になります。

と言いながら、僕はアマチュア劇団が自分達の事情で、作品をカットしたり変更したりすることをある程度「受け入れて」います。それは、僕個人の判断であって、絶対に許さない作家さんももちろんいます。

ここで何故なのかを長く語りはしませんが、とにかく、自分でやる以外の上演を絶対に許さない作家さんもいれば、上演は許可するけれど内容の変更は絶対に許さない作家さんもいれば、高校生やアマチュアに限りカットなど変更を許す作家さんもいます。

僕がある程度の「改変・変更」に対して寛容なのは、それぞれの集団にはそれぞれの事情がある、と思っているからです。僕が作家だけではなく、演出家も兼ねているから、そう思うのでしょう。

座付き作家は、所属している俳優に当て書きしますから「お前みたいな痩《や》せたノッポが！」と書いたりします。でも、他の集団や劇団で上演する時、その役の人が太っている、なんてことは普通にあります。なので、変えるのもしょうがないかなと思っているのです。

それでも、僕の書いた作品で五人しか登場人物がいないのに、チラシに十二人の名前が書かれて、内容もメタメタに変えている作品を知った時は、怒りがわきました。プロを目指して野望に溢《あふ》れた集団に見えたからこそ、よけい、身勝手さに憤慨しましたが、まあ、それは別の話です。

ちなみに、「非営利目的」で「入場無料」で「出演者・スタッフに支払いがない」場合は、どんな台本も作者の許可なく上演できます。

これはあまり知られてないことですが、著作権法にちゃんと書かれている例外規定です。

ですから、じつは高校演劇部が文化祭やコンクールで作品を上演したい場合は、法律的には作者から許可を取る必要はないのです。

ただし、アマチュア団体でも三百円とかの入場料を取ってしまったら例外ではなくなります。市民ミュージカルとかで、参加者・スタッフはボランティア、ノーギャラでも、演出家を外部から招いてお金を払った場合は、この例外規定は使えないと、著作権法に詳しい福井健策弁護士は解説しています。なるほど。

入場無料もカンパがほぼ強制のようになっていたらダメです。

でも、カフェを借りて作品を上演し、お客さんはカフェの飲物を注文することが条件、という場合は許されます。

俳優がうまくなるためには、とにかく場数をこなすことですから、こういう企画は素敵だと思います。上演じゃなくても、台本を読むだけのリーディングというスタイルも最近定着してきました。この場合も、例外規定を満たしていたら、どんな戯曲も許可なく上演できます。

ただし、例外規定で自由に上演できても、「著作者人格権」の中の「同一性保持権」は守らなければいけません。ですから、二時間の作品を高校演劇コンクールのために勝手に一時間にするのは、じつは著作権法違反なのです。

ええっ！　と驚かれる人もいるかもしれませんが、著作権法に詳しい福井健策弁護士がまた教えてくれました。

これはじつは大変な問題で、高校演劇コンクールは規定が一時間なので、既成の戯曲をカットすることが多くなります。

なので、じつは、厳密に言えば、「非営利目的」で「入場無料」で「出演者・スタッフに支払いがない」場合でも、作品をカットしたり、変更したい時は、著作権者（生きていればたいてい作者ですね）の許可が必要になるのです。

僕は「改変・変更」に寛容だと書きました。それは、ちゃんと許可を求めてくれた場合です。勝手に大幅にカットしたり、「原作」なんて表記されたりしたのを後から知ると、やはり、あまりいい気はしませんね。

もちろん、「一時間にカットする」ということを拒否する作家さんもいると思います。その場合は、諦《あきら》めるしかないでしょう。


さて、逆の場合を考えてみましょう。部員や劇団員の数が多いのに、台本の登場人物が少ない場合です。

一般的に行われているのは、AチームとBチームのダブルキャストにする方法ですよね。

とにかく訓練目的という場合は、一本の作品の一幕と二幕で、同じ役なのに俳優を変えるという方法もあります。いろんな人が同じ役をやるのです。えっ？　と思うかもしれませんが、実際に見てみると、これはこれでとても面白い方法です。大切なのは、役がないからやらないではなく、なんとか役をダブル・トリプルキャストとかで経験する方法を探すことです。

というわけで、気持ち的にも劇団員的にも部員的にもピタッとくる台本がなければ、次に、

❷オリジナルを目指そう

という話になります。

と言っても、あなたは俳優で、作家ではありません。でも、劇団員や先輩、友達から「ねえ、書いてよ」と頼まれたとします。

あなたが良い人でそんな頼みを断れない場合、作品に向かっての長い旅が始まります。

まず、書きたいことはあるか？　という自分自身への問いかけからスタートします。

いえいえ、悲しい顔をしなくて大丈夫。

あなたが生きてれば、書きたいことなんて山ほどありますって。

だって、あなたは、まず、この文章を読まないで一本、台本を書いたとします。劇団員や部員に見せます。みんなは、口々に勝手なことを言うでしょう。「気持ちは分かるけどさあ……」「なんかつまんないよね」「なに、この話、ぜーんぜん分かんな

い」もうあなたの心は張り裂けそうになります。

ほら、その体験は次の作品を書く動機になりませんか？

あなたが高校生なら、廊下でいつも気になるあいつとすれ違った時、あいつの目がちらっと私を見たような気がした。ほらほら、それは書く動機になりませんか？　家に帰れば、パパとママのいつもの文句が聞こえてくる。家族って一体、なんだろう。ほらほら、動機になりませんか？　えっ？　部員のわがままをまとめるのが心底、嫌になった？　それは動機になりませんか？　えっ？　バイトでものすごくひどいことを言われた。なんで人間はあんなことを言えるんだろう。それは動機になりませんか？

あなたが、「ま、いいか」とか「しょーがないの」とか「これが人生ってやつよ」とかの言葉を使わない限り、テーマは山ほどあります。

それは、あなたの人生と密接に結びついているものです。

気をつけて欲しいのは、地球温暖化とか食糧危機、人種問題とかの抽象的な心配事です。それも書きたいことかもしれませんが、抽象的なことを具体的に描けるかどうかが大切なのです。

例えば、クラスや職場、劇団に突然海外からの人がやってきて、あなたやあなたの周りの人達と交流と摩擦が始まったら、それはあなたの人生と密接につながったレベルになります。

具体的になれば、あなたの心はハッきりと動きます。あなたの心が動けば、それを見る観客の心も動きます。

抽象的なテーマは、ただ説得や演説になりがちです。でも、台本は人間の対話と行動を描くものです。独り言でもないし、解説や評論でもないのです。

ですから、書きたいことは、なるべく具体的な、あなたの人生と関係のあることを選びます。もちろん、個人的すぎてみんなの共感を得られないこともあるでしょう。

「私はキュウリが嫌いだ」「水虫がかゆい」なんてことよりは、「親とどうつきあったらいいか分からない」「時々死にたくなる」「仕事と家庭の両立に疲れた」なんてことの方が、共感を得る可能性が高いでしょう。

個人的すぎるかどうか不安なら、周りの人達に、「こういうこと、興味とかある？」「こういう話、見たい？」と聞いてみればいいのです。「面白そう」とか「それ、分かる」とか言ってもらえれば、それがテーマになる可能性は高いです。

例えば、演劇部をやめようとしている部員の話にしてみましょうか。

あなたが高校生でも高校生じゃなくても、ある集団をやめようとする人と、それを止めようとする人の心の動きは共感しやすいと思います。

登場人物の数は、オリジナルですからあなたの劇団や演劇部の人数にできます。これがどんなに大変でもオリジナルを書く意味の一つです。

常識的に考えたら、構成はやめる人一人、とめる人複数ですね。

「いい演技」の所で説明しましたが、役にとって一番大切なのは「目的」と「障害（じゃまをするもの）」です。

よくキャラクターを書き分けることは、性格を決めることだと思われていますが、（理屈っぽいとか行動的だとか情熱的とかシニカルとかですね）じつは、「目的」と「障害」が同じだと、性格が違ってもキャラクターはあまり変化しません。

「目的」が「演劇部をやめたい」で、「障害（じゃまをするもの）」が「親友を裏切りたくない」だとします。「障害」は、目的の実現をはばむものです。演劇部に親友がいて、親友はやめて欲しくないと言ってるというのが障害の「親友を裏切りたくない」です。

で、この人がせっかちでも、おっとりしていても、じつはキャラクターはあまり変わりません。言い方は変わりますが、物語上の行動や立場はあまり変わらないのです。

ですから、同じ「目的」と「障害」の人が何人もいると、ドラマは単調になって面白くなくなります。

キャラクターを書き分けるとは、別々の「目的」や「障害」を書くことなのです。部員が十人ぐらいだと、やめる人が一人じゃなくてもいいでしょう。やめたい人が二人とか三人とかいて、みんな目的は「やめたい」なんだけど、障害が「親がうるさいからやめるんだけど、本当はやめたくない」とか「大嫌いな奴がいて、あいつがいる限り、ここにいたくない」とか別々になれば、キャラクターは自然と違ってきます。結果として、ドラマに厚みが出て、面白くなります。

止める側も「部長だからとめたい」「俳優として一緒にやりたい」「恋愛感情として好きだからとめたい」なんて、いろいろ「とめたい」というだけでも違いがあると面白いです。

そして、「とめたい」という目的じゃない人がいるとさらに面白くなると思います。「じつは追い出したい」「とっととやめてもらってはやく練習したい」「自分のことにしか関心がない」なんてのはどうでしょう。

で、この書き分けをあなた一人に任すわけではありません。あなたは俳優であって作家ではないのです。

俳優として台本を創るためには、この作業を劇団員や部員と分け合うのです。

あなたは「演劇部をやめる人とそれをとめる人達の話にしたい」とまず提案します。

そこで「うん、面白そう」と受け入れられたら、「じゃあ、どんな『目的』と『障害』を持つ人がいるか相談しよう」と、提案するのです。

部員が八人いるとしましょうか。

八人は、それぞれ、自分の「目的」と「障害」を決めます。相談して、他の人とダブらないようにします。「目的」は同じだけど、「障害」が違うとか、どっちもまったく同じにはならないようにするのです。

そのためには、自分の役の「４つのＷ（与えられた状況）」も決める必要があります。

大変そうですが、自分の役だけですから、時間をかければなんとかなるでしょう。だって作家は一人で八人分の「目的」「障害」「４Ｗ」を決めているのです。それに比べたら、たいしたことはありません。

そして、決めたら、

❸具体的にやってみる

演劇界ではフリー・エチュードと言いますが、その設定でいきなり会話を始めてみるのです。即興です。

あなたが演劇部をやめると言う人になったとします。

まずは、友達に「演劇部、やめようと思うんだよね」と言ってみましょうか。友達は、「どうして?」と驚くかもしれません。そしたら考えている理由を言いましょう。

その時、あなた自身が納得する内容にして下さい。無理にドラマチックにしようとして「家族がアメリカに引っ越すから」とか「異世界から使者が来て呼ばれた」なんていう理由ではなく、「じつは部内に大嫌いな人がいる」とか「演劇にまったく面白みがなくなった」とか「親が勉強しろと本当にうるさい」とか「合唱部に好きな人ができてそっちに行きたい」とか、あなたの心が具体的に動く理由を考えて欲しいのです。

同時に、簡単にやめられない「障害(じゃまするもの)」も考えます。これも、あなたの心が本当に動く理由です。「嫌いな人の名前なんて言えない」「親友が悲しむ顔を見たくない」「みんなから止められている」「親の意見に逆らっても本当はやめたくない」「演劇が本当は好きだ」とか、あなたがリアルだと思う理由を選んでください。

リアルな目的とリアルな障害がぶつかると、本当の葛藤が生まれます。本物のドラマです。それは、自分の心が具体的に動くかどうかで判断するのです。八人がそれぞれに自分の事情を語り、動くことで、どんどんキャラクターの「目的」と「障害」を深めていくのです。

キャラクターが明確になれば、ドラマは自然に動き始めることが多いです。

これは、言っておきますが、一時間や二時間で簡単に完成することではありません。何回もたくさん即興してみて、少しずつ使える部分が増えていくものです。多くは、だらだらとあんまり面白くない会話が続きます。

でも、例えば、「演劇が面白くなくなった」という理由でやめようとしている人に、みんなが「やめないで」「演劇は面白いよ」とただ説得ばかりしていたのに、誰かが突然「じゃあ、短編を上演してみようよ」なんて言い出して、準備を始める流れの中で泣いたり笑ったりして、気がつくと演劇が面白いかどうかは分からないけれど、演劇を創る過程は間違いなく面白い、なんていう意外な展開になったりします。

もし、あなたが作家を目指していて、それでも行き詰まって展開できない時もこの方法は使えます。

途中まで書いて、それぞれの役の「目的」と「障害」そして「4W」を俳優達に伝えて、途中から即興で話してもらうのです。

じっと見ていると、「あっ」と思う意外な言葉や面白いヒントをもらうことがよくあります。仲間の頭を借りましょう。

ちなみに、「本が悪い」から感動しない場合があると書きましたが、「悪い」というのは、俳優の気持ちや行動が、各シーンを通じて一貫してない台本のことです。

それは役の「目的」や「障害」がシーンの途中で理由なく変わっていたり、消えていたり、ウヤムヤになっていることから起こります。役の「目的」と「障害」が明確であれば、観客はその俳優が「なぜ泣いているか」がよく分かります。だから、感情移入して感動するのです。

即興で会話しながら、常に自分の「4W」と「目的」「障害」を確認します。場面場面ではちゃんと一貫しているか、あいまいになってないかを確かめて下さい。やりたいことや言いたいこと、しなければいけないことが明確で、でも、それができない理由がちゃんとあれば、フリー・エチュードはそんなに難しいものではありません。

❹ちょっとしたヒント

★嘘くささに気をつける

演劇というかドラマは盛り上げるものだと思い込んでいる人は、例えば「部内に嫌いな人がいる」からやめようと「目的」を決めると、いきなり「○○さんが嫌いだから」なんて言ったりします。でも、あなたの実際の生活でそんなことをみんなの前で言う人はいますか？　陰で言う人はいても、みんなの前で堂々と言う人はまずいないと思います。もちろん、議論が行き詰まってきて、「結局、やめたい本当の理由はなんなのよ!?」と詰め寄られたら「嫌いな人がいるんだ」と遠回しに言うことはあるでしょう。部長と二人きりになって「結局、誰？」と聞かれて、「じつは、」と語ることもあるでしょう。でも、最初からみんなの前で「○○さんが嫌い」と言うことは、まずないと思います。

これは、リアルなのではなく「嘘くさい」理由です。俳優は、この「嘘くさい」ということに敏感にならなければなりません。

演技は「リアル」「嘘」「嘘くさい」の三つに分類されます。

「嘘」は分かりやすいです。「火星に帰らなければいけないのでやめたい」なんてのは、笑ってお終《しま》いです。

でも「東大を目指すから」とか「親が死にそうだからやめたい」なんてのは、嘘くさい理由である場合が多いです。

もちろん、本当に親が重病で演劇部をやめるという人はいるでしょう。でもその場合は、ものすごく心が動いているはずです。苦しく、悩み、悲しみ、疲れているはずです。そこまでの動きがないのに、「親が死にそうだから」と言うのは「嘘くさい」ことです。

また、「成績が気になるからやめたい」「受験のためにやめたい」はリアルですが、自分から「東大を目指すからやめたい」という人はいないと思います。俳優としては、東大という単語でドラマチックになると思うのかもしれませんが、嘘くさい発言です。

★既成の名作から盗む

作品を面白くするために、既成の名作から構造や場面、キャラクターを盗むという方法があります。

盗作ではないですよ。本質だけをもらうのです。

そのためには、大変ですが、作品をたくさん見て、戯曲をたくさん読まないといけません。

そして、面白いと思った所を自分なりにノートに書くのです。

注意点としては具体的に書くこと。なんとなく面白かった、ではあまり意味がないです。

たくさん見て読んだ作品の中には、登場人物のキャラクターが面白かった作品、物語の構造が面白かった作品、掛け合いが面白かった作品、男女間の関係が面白かった作品、全部つまんなかったんだけど一行だけすごい台詞《セリフ》があった作品など、いろいろあるでしょう。

演劇部や劇団なら、みんなで手分けして面白さを語り合うのも素敵です。

みんなが見て読んで話し合えば、面白い作品になるヒントがどんどんたまります。

ノートはどんどんと分厚くなります。

その一冊のノートから面白い作品は生まれるのです。

たとえば「構造」を盗むという方法があります。

構造とは、「どんな物語か」ではなくて、「物語はどんな風に語られているか」ということです。

演劇部をやめようとしている部員を説得する仲間達の物語をどんな風に語るかが構造です。

内容ではなく、例えば、「やめたいと打ち明けるシーン」「みんなが説得するシーン」「とにかく一本やろうと稽古に入るシーン」「稽古の中で徐々に演劇の楽しさを発見するシーン」「公演が終わって喜んでいるシーン」という各シーンを先に決めます。

これを元にフリー・エチュード、つまり即興をすると、ただ、だらだらと会話するよりずっと面白くなる可能性が高まります。

さて、構造を盗むというのは、みんなで作ったノートから、感動した戯曲の構造を引っ張りだすことです。そして、その構造をまるまる、もらっちゃうのです。

『夕鶴』の構造は、主人公の所に、ある日、見知らぬ存在がやって来る。やがて、主人公は禁を破り、見知らぬ人は去る、という構造です。

この構造をもらえば、主人公を、「やめようとしている部員」にして、そこに、演劇の楽しさを教えてくれる見知らぬ存在が来る。しかし、部員は禁を破る。そして、演劇の楽しさを教えてくれた人は去る、となります。

うまくはまるかどうかはやってみないと分かりませんが、構造を盗むというのはこういうことです。

「場所」から入るという方法もあります。素敵な「場所」を選んだ作品からもらうのです。

演劇部の物語の場合、普通に考えれば、「部室」ですが、それだとつまんないなあと思った時の方法です。やめようとしている部員の自宅だけで物語を進めることもできます。そこに他の部員が訪れるのです。よく、俳優の物語なのに、「楽屋」しか登場しない戯曲があります。「屋上」だけで話を進める戯曲もあります。

「場所」だけを先に決めて、即興しても面白いです。「部室」「屋上」「友達の家」「ファースト・フード」「グラウンド」と場所を先に決めて、会話してみるのです。


特徴あるキャラクターをもらうという方法もあります。名作の中で、印象に残ったキャラクターの本質をもらうのです。

「追い込まれると泣きだしてしまう男性」「とにかく負けず嫌いで力持ちの女性」「ワガママだけど他人に優しい人」「いつも人のせいにして笑っている人」いろんなタイプがあるでしょう。「目的」と「障害」が明確で、なおかつ、特徴的なキャラクターがうまくはまるとより、面白くなります。

❺最後に

俳優を目指している人から「どうしたらうまくなれますか？」とよく聞かれます。

そのたびに、「演技は技術ですから、スポーツと同じです。一年に一回しかバッターボックスに立たない人が野球がうまくなると思いますか？」と言います。

一年に五回しかバッター・ボックスに立たない人は、バッター・ボックスに立つだけでドキドキしてしまいます。ヒットを打つどころではありません。

演技も同じです。一年にほんの数回しか演技しない人は、舞台に立ったりカメラの前に立つだけでドキドキしてしまいます。心を動かして演技をしている場合ではないのです。

ですから、バッター・ボックスに立つことがいつものことにしないといけないのです。

つまり、数をこなすのです。

「でも、私の劇団は年に一回しか公演しないし」とか「発表の場所がないし」と思っている人が多いと思います。

大劇場や映画・テレビに出ることだけがバッター・ボックスではありません。

前述したように、喫茶店を借りてリーディングをするのも、ちゃんとしたバッター・ボックスです。

もっと言えば、ストリートで演じることも、スマホで友達と即興で作った台本を元にミニ動画を撮るのも、バッター・ボックスに立つことです。

だって、甲子園とか東京ドームのバッター・ボックスしか意味がなくて、市民球場や河川敷《かせんじき》のグラウンドはダメだ、なんて野球をやっている人は思ってないはずです。どんな規模でもバッター・ボックスはバッター・ボックスで、なおかつ、ドキドキするのです。

本当は、あなたが旅行に行って、その楽しい思い出を友達に話すことだって、じつはバッター・ボックスです。観客である友達を魅了できるかどうかは、俳優としての基本なのです。

そこで、楽しく、面白く、気持ちがとても動くように話ができる人は、演技もそうなる可能性が高いです。もちろん、そのためには、練習が必要ですね。いきなり、なんのプランもなく、だらだらと旅行の思い出を話しても、なかなか、友達は感動しないでしょう。

さて、そんなわけで、演技を上達するためには、数をこなすこと。

そのためには、既成の戯曲を選ぶか、自分たちで創るか、というおまけを書きました。

アマチュアでもプロフェッショナルでも、楽しく、たくさんバッター・ボックスに立てることを祈ります。

特別対談　原点は「お芝居したい」という衝動

鴻上尚史×高橋一生《たかはしいっせい》

子役からの三十年間

高橋　読ませていただきました。面白かったです。俳優のお仕事の内側や、舞台と映画の時間の使い方の違いなど、こうして言語化されているとわかりやすいです。会話形式になっているのも面白くて、一気に読めました。

鴻上　ありがとさんです。忙しいのに。一生はそもそも俳優の仕事は、子役から、一体キャリア何年？

高橋　七歳か八歳からなので、ちょうど三十年目くらいです。

鴻上　すごいね。最初は自分の希望だったの？

高橋　祖母のすすめです。僕、子どもの頃ふさぎ込みがちだったので、心配した祖母が習い事として児童劇団に入れてくれたんです。入ってみたら思いのほか長続きして。あまり記憶にないんですけれど、楽しそうだったらしくて。そうすると祖母が喜ぶのでそれが嬉しくて、続けてみようかなと。

鴻上　子役としての仕事もあった。

高橋　ありました。いろいろなお話をいただけて、映像から舞台、ミュージカルまで、面白かったです。

鴻上　そこから三十年間続けてくる中で、途中でいやになったりしなかったの？

高橋　いやにならなかったといえば嘘かな。いやになったこともあります。子どもだからとちやほやされていたのが、ある程度ものごころついて変わってくる時期、子役から抜け出してくるあたりで、いまの事務所に入らせてもらったんですが、そのころはどうしたらいいかわからないという思いもありました。

鴻上　よく子役から大人になるときにつまずく人が多いって聞くよね。

高橋　そうみたいですね。うちの事務所の考え方に「男は三十（歳）越えてからだ」というのがあるようで、それをずっと言われていたんです。でも僕はその頃三十のイメージができなくて、どちらかというと二十代前半からずっと「売れたい」思いというか、お芝居がしっかりできる場所にいたいって思っていました。

鴻上　お芝居がしっかりできる場所っていうのは？

高橋　主役ももちろんやりたかったんですけれど、それだけではなくて、フォーカスがあたりやすい場所ということです。子どものころから、どちらかというとすごく目立つお芝居よりも一歩引いているくらいの人がすごく好きで、『七人の侍』でいうと志村喬《しむらたかし》さんみたいな方が好きなんです。

鴻上　それは引きすぎっていうか、要《かなめ》やないか（笑）。

高橋　ああいう文鎮みたいな人にもなりたいなと思っていました。そのためにはやっぱりある程度ちゃんとお芝居に出ていないと、と。

鴻上　それはちゃんと芝居をさせてくれる時間が与えられている現場っていうこと？

高橋　はい。一冊の台本に、しっかりした密度や骨組みがある役というか。だからそういうところに行くためにどういうことをしたらいいんだろうと思いながらお芝居していたところはあると思います。

鴻上　バイトをしながら俳優をしていた時期もある？

高橋　していました。鴻上さんの舞台に初めて出た「ハルシオン・デイズ」（二〇〇四年）のときはバイトしています。「トランス－youth version－」（二〇〇五年）のときもバイトしていて、あれが最後のバイトくらいです。

鴻上　振り返っていちばん続けるのにしんどい理由ってなんだった？

高橋　今となってはそんなのどうでもいいのになって思えるんですけれど、俳優って、免許制ではないし、いつでもその時からなれる職業なんです。だから俳優って言ってしまうことが、さもフリーターって言っているようになってしまう。それで「俳優」って言うことが恥ずかしかった時期がどうしてもありました。

それこそ二十五歳くらいの「トランス」の時期に、ありがたいことにごはんを食べられるようになってきて。そうすると自分の中の自信でいいじゃないかってことになってくるんですけれど、それまでは周りと比べることがすごく多かった。堀越高校に通っていたので、同じ学校に名だたるアイドルもいて、見たくなくても差を見せつけられていく。同年代の彼がこんなふうにやっているのに、僕ときたらどうなんですか、と。勝手にどんどんふさぎこんでいっちゃって、俳優ってすごく難しい仕事だなと感じていました。

多くの人に認知されることが必ずしもいいことだけだとは思わないんですけれど、お芝居を続けていくには自分の中に自身と自信をもっていないと、と思います。それらを持ちづらい仕事ではあると思うんですよ。

鴻上　よくわかる。だってすごく手応えあっていい演技できたなと思っても映画館を出て行く人に「あの顔嫌いなんだよね」って言われたら終わりだからね。

高橋　そうなんです。だから他者の評価だけになってしまうととても難しいし、メンタルを保つのが大変になってくる。その時期がとても大変だったけれど、二十七〜八歳を過ぎたころから、ある程度、観てくれている人とのいい距離感をとれたのかなと感じます。

鴻上　それはどうしてだったの？

高橋　タイミングでしょうか。あとは、お芝居を観てくれている人たちじゃなくて、それこそ鴻上さんや演出家・共演者の方、お芝居を一緒にやっている方々に、「また一緒にやりたいね」と言ってくれる人が少しずつ増えてきた。「ぼく一生くんとやりたいと思ってたんだよ」とか言ってもらえるようになったことで、自分のアイデンティティがすごくしっかりしてくるというか、「俳優やっててもいいんだ」と思えた。監督とかプロデューサーの方が俳優として扱ってくれて、「一生くんだったらここどうやる？」と聞いてくれたりとか、鴻上さんが、「一生さ、ここからそこまでなんでそういう風に動いたの」とか言ってくれたりすることによって、俳優としていていいんだという認識は、すごく強まっていった気がします。

自分の中の「もう一人の自分」

鴻上　すばらしいなあ。でもそのしんどい時期にもなぜ続けられたんだろう？　どこかで辞めちゃおうと思ったことは？

高橋　辞めるという考えは僕の中にはなかったですね。二十代のころでも、ほんとに仕事がなくなったら道ばたでやろうと思っていました。僕、子どものころから「誰か」になるのが好きだったんです。たとえば電車の中で、ちょっと挙動不審な子をやったらどのくらい大人が心配してくれるだろうとか。

鴻上　そんなことやってたの？（笑）

高橋　小学校のころやっていました。気持ち悪そうにしていると「大丈夫？」って言ってくれる人や、一緒にホーム降りてくれる人もいて、本当に心配してくれるんです。ごっこ遊びの延長で、お芝居の面白さを感じました。なぜ「別の誰か」をやっているのに「自分」なんだろうというのも不思議で。

鴻上　挙動不審以外のキャラクターもあったの？

高橋　ずーっと元気な人とか、広告の文字をずーっとしゃべりつづけるとか。みんなどういうリアクションをするんだろうと（笑）。僕は家庭環境も安定している感じではなかったと思いますし、二十代中盤くらいまで、演じることは現実逃避だったので、そこに逃げ込むと別の人になれるっていうのはありがたかった。僕にとっては、逃げであっても幸福だったのかもしれない。

鴻上　だから役作りにのめりこむ密度が高くなったんだ。

高橋　はい。でも役作りっていっても、僕はたぶんどこまでいっても役にジャンプすることができない。たぶん電車の中でやっていたことと同じで、「なり得たかもしれない自分」なんです。役でまったくの別人になるってことは、今でも考えていないんです。「僕がある人生の局面で、自分とは違う選択をした結果、微妙にずれていった人生」という作り方にどこかでしているから、結局ベースは自分になります。警察官の役だったら、「もし僕が何かのきっかけで警察官になっていたら」という作り方しかできない。

鴻上　でもそれは演技の基本だと思うよ。役って自分の人生の可能性の一つだから。まったく別人にはなれないわけだし。

高橋　でも役作りで、まったく別人になろうという人って多いんですよ。

鴻上　それは本人は別人になれているつもりかもしれないけど、こっちから見たら別人じゃないと思うよ。誤解だよ。それはあなたの人生の可能性のひとつで、もちろん今のあなたとは違うかもしれないけど、でも大本《おおもと》としてはあなただよって感じはするけどね。

高橋　僕はメソード演技ってすごく怖いなと思うんですけれど、シャーマニズムみたいに、何かを降ろすような意味で、役作りを高尚に考えている人もいます。

鴻上　シャーマニズム系の巫女《みこ》さんタイプってそもそも本人が巫女さんっぽくて（笑）。だから、やっぱり本人の中のひとつなんだよね。

高橋　役に没入することは大事だけれど、もう一人の自分を持っていないと怖いかなっていうのはありますね。俯瞰で見る目も必要です。

鴻上　一生の「もう一人の自分」っていうのは、うかうかしてると自分の中で強くなったり、そのせいでしんどくなったりしないの？

高橋　以前はネガティブなこと、残酷なことなど考えると、いちいち落ち込みましたけれど、それは「弱気な自分」とか「残酷な自分」とかが勝手に一人走りしているんだなって、距離を置けるようになってきました。三十を越えたくらいから。

鴻上　そうか。経験と年齢でいいことがあったってことだよね。子役をやって、劇団も経験して。

劇団経験で得たもの

高橋　劇団のお話をもらったのも今の事務所です。十七〜十八歳くらいのときで、劇団で演劇を学びなさいと。そのとき僕、事務所に捨てられると思ったんですけれど（笑）、そういうことではなかったみたいです。後々社長に話を聞いてみると、演技のテクニカルな部分を学ぶってことはあまり考えていなかったみたいで、演劇とかお芝居を志している人と共同生活させる、集団生活をするってことが目的だったみたいです。そんなこと十七〜十八で言われてもわからないから、当時の僕には言わなかったみたいで。

鴻上　一生みたいに、ちゃんと考えて演じる、ある種ストイックといわれる作る人たちって自分一人で作る人が多かったりするからね。やっぱり社長は人間関係にもまれて欲しかったんじゃないかな。こっちが、おまえ頼むからものを考えてくれよって言っても、人間関係の中でものすごく自由にのびのびする奴、要は自分の自我を簡単に譲り渡せるから、すぐ先輩についていって飲み三昧《ざんまい》する奴と、本当にストイックに自分がプランをもっていて、周りが全部ノイズになってしまう人と、どちらか、両極端の人が多いよね。

高橋　そうですね、自己完結する人っていますね。でもテクニカルな部分で演じるのってすごく危険なことで、「どうです、わたしうまいでしょ」っていう心理に変わっていきやすいように思う。だから観客としてそういう人の舞台を観ていても、ほんとうまいし、的確だし、ピンポイントで演じているけれど、もういいやって感じてしまう。余白みたいなものがなくて。怒っているからって怒っている芝居をするって、とてもつまらないことのように思います。

鴻上　余白っていい表現。そういうタイプの人は全部自分で作り上げたいんだよね、観客の入る余地を残してくれないというか。

高橋　たとえば落語でいうところの、噺家《はなしか》さんが笑いを待つような「間」がないんです。で、「離見《りけん》の見《けん》」もないんです。どんどん自己完結していくから、見ていて完璧なんですけれど、つまんねーって。

鴻上　ハハハ。大きい声で言ってやって。

高橋　ぼくはそうはなりたくないなとずっと思っています。

鴻上　難しいよな。あんまり周りから「高橋一生うまい」「うまい」って言われると、本当に気をつけないとそっちいくよね。

高橋　そうなんです。非常に危険なことですね。鴻上さんに開演前に舞台袖で「小さくまとまりすぎてた」って言われたことがあるんです。そのときは、まとまってないよ！　って思ったんですけれど、演技を的確にやっていくことが必ずしも正解じゃないと、今となってはわかる。一緒にお仕事をしている演出家の方や共演者の方々が「うわ、そうきたか」って思うところを、その余白の部分で組み立てていきたいなと、ずっと考えています。

鴻上　今でもずっと憶えているんだけど「ハルシオン・デイズ」の稽古中に、台の上に上《あが》って踊ってくれないか？　って言ったことがあって。そういう無茶ぶりすると(笑)、いろんな反応があって、「わたしそれ無理です。振り付け師さんよんでください」って人もいれば、「なんでですか？　いやです」っていう人もいる。でも一生は「踊ってくれないか？」って言ったら「はいわかりました」って言って曲かけて踊り出したんだよ。おれはそのときに、おお、こいつは大したもんだ、無茶ぶりにちゃんと打ち返してきたなって思ったんだよ。

これはたしかに無茶ぶりなんだけど、でもちょっと考えればミュージカルのソロナンバーを踊れって言っているわけじゃなくて、周りが作業しているときに横で作業を手伝わずに鼻歌まじりに、のんきに身体を動かしているっていうレベルの踊りなんだから、振り付けの先生を呼んでしまったら違うことになるし、だからといって「わたしそういうこと向いてないからやりません」ってピシャッと門を閉ざすのも、そういう人もいていいんだけど、つまらないしもったいないという気がするんだよね。一生はすぐに踊り出したから、やっぱりさすが劇団に育った奴は無茶ぶりに慣れてるなー、って思った（笑）。

高橋　自分の思考の外にあるものを持ってこられたときに「なんでですか」っていうのってすごくもったいない。あと、少し違うかもしれないんですが、自分の役柄を芝居する前に説明する人がいるんです。けれど、やっぱり演出家の人にとっては見えるものがすべてですよね。だからまずは打ちだしてみて、呈示するのが俳優の一番最初の仕事だと思う。それに対して反応してくれる、それに対してもう一回こたえる、っていうことの繰り返しだと思うから、どこまでエスカレートしてもやっていかないといけないし、そこから「なんかとんでもないものが自分から出てしまった」というような、アウト・オブ・コントロールみたいなものを、自分でも望んでいるのかもしれないと思っています。

演劇と映画・テレビの違い

鴻上　演劇はやってしまったらそれでおしまいだけど、映画やテレビっていうのは自分の演技が見えるわけでしょ。それはどう違うの？

高橋　舞台をやらせていただいていたことが礎《いしずえ》になっているんだと思うんですけれど、ぼく基本的に見返さないんです。作品を。最近は宣伝をさせていただく機会が多くなってきたので、そのためには見なきゃって思うんですが、ぎりぎりまで見ない。マネージャーさんに「見てくださいね」と言われるまで見ないんです。

鴻上　え、試写会も行かないの。

高橋　行かないです。

鴻上　なんで？

高橋　出しちゃった瞬間に終わっているのかな、ぼく。作品は、しばらく経ってから見たいんです。自分の中にお芝居をした感覚が残っていると引きで見られないので。だいたい半年とか一年くらい置いて、しっかり見たい気持ちです。

もちろん、お芝居が終わって監督がモニターで「ちょっとこれ見て」って言ったときは見ますよ。そこで自分の方向性とかをちらっとは見るんです。でもそれで大体おしまいなんです。

鴻上　監督から言われないで見に行くこともしないの？

高橋　自分で見に行くときもあります。監督が意図している写し方はどういうことなんだろうと、不安なときに。反論するつもりはないですよ。何を意図して撮ろうとしてくれているのか、という世界観だけ最初にちゃんと見るようにしています。でもモニターを見せたくないっていう監督もいるので、そのときはまったく見なくてもいいかなって思う。

鴻上　実際に見たときには、どういう気持ちになるの？

高橋　こういうふうに撮られているんだったら、もうちょっとこうすればよかったなって思うと同時に、そんなテクニカルなことといらないって思う自分もいる。これがたぶん、意図して切り取ってくれているところなんだと思うようにはしています。あと連続ドラマだったりすると、修正してしまうんですよ。修正が役に反映されると、いいとは限らないから。

鴻上　修正するってどういうふうに？

高橋　たとえば後ろから撮ってくれているときに、もっと背中で語れるんじゃないの、って考え始めると、良く見られたいと思い始めちゃう。だったら、カメラは後ろにいたな、くらいの気持ちでやっていたほうが自分にとっては役に没入する度合いが高いんです。

鴻上 なるほど。

高橋 後ろから撮るなら少し顔が見えるようにしようかなとか、姑息《こそく》な真似が入ってきてしまうんです。それがすごくいやで。でも背中で語れないわけがないんです。写るところは写るはず。ただそれは俳優だけの仕事ではなくて、カメラアングルや、監督の意図があることだから。

今、僕ずっと落語をやっているんです。映画のために、立川志《たてかわし》らくさんに教わっていて、そのときに、「上下《かみしも》ふるってことは、自分の中でカット割りすることなんだよ」と言われたんです。それで気付いたのは、僕らは落語家さんと違って、自分の中で演出をつけていくこともときにはあるけど、通常は他者がいて、一緒に仕事をしている人たちが周囲にいるから、自分のカット割りはあまり考えなくていいんだなと。テクニカルな部分をある程度もっていると、人の話を聞いて演技をコントロールできるようになってくるので、もちろん技術としては頭に入れておくんですけれど。

鴻上 難しいところだよね。そういう技術は、もっていると使いたくなるし、使い過ぎるとくさくなるし。

高橋　舞台のときはとくにそうですよね。カメラが寄るってことはないから、自分にズームさせたいときには、声を大きくするのか、小さいほうが効くのか。あと演劇は稽古を通して、物語の始まりから終わりまでを何度も繰り返せる。ともするとそれがこねくり回すだけの時間になりかねない。自分で飽きてきちゃって、新しいものの新しいものと誇張したり、奇をてらったり。でも一番最初にやったもの、稽古で作り上げたものを信用しないとうまくできなくなってくる。ある鮮度を保たないといけないから、僕にとっては稽古はとても危険な行為になる可能性があります。

鴻上　演劇特有の問題点だよね、それは。何十回やってもまるで初めて語るように語るっていうのはまた別のテクニックになる。もちろん試行錯誤できるっていうメリットもあればそういうふうにデメリットになってしまうこともあるよね。映像のメリットやデメリットっていうのは何？

高橋　僕はテレビのお芝居については、奇跡を作っていかなきゃいけないと思っています。奇跡というのはたとえば、「いま、なんだかよくわからなかったけれど、すごく居心地良かった、あんまり覚えてない」というくらい、演技が自分の範疇《はんちゅう》の外に出てしまった瞬間。

スタッフの方々が本当に大事なんですが、たとえば「どこに動いてもらってもいいです、さっきまでと全然ちがう動きをしても、ぼくら絶対拾うんで」と言ってくれるカメラの方もいる。お芝居を信頼してくれていて、それで皆でひとつのものを作っているというベクトルがその瞬間だけでも合致して、一丸になったとき、それこそ奇跡だと思うんです。

鴻上　つまりそういう奇跡が起こることが、映像のメリットということか。

高橋　その奇跡を、能動的に作っていかなきゃいけないのがテレビだと思うんです。映画はもう少し時間があるから、その奇跡を待てることが多いような気がします。もちろんチームにもよるんですけれど。意図がわかっていれば、僕は何遍撮ってもらっても苦痛だと感じるほうではないですが、本当に奇跡的に合致する瞬間を「待とう」としているのが、映画では多々感じられます。

鴻上　逆にいうと奇跡がこなくても、次々と撮っていかなきゃいけないっていうことも出てくるっていうことだよな。

高橋　そうです。それはテレビでも映画でも、ぼーっとしていたらそうなると思います。けれど演劇はその奇跡をちゃんと錬成《れんせい》していける時間がある。映画やテレビで、うわ、あれ奇跡だったねと言われる瞬間を、演者たちが何度も稽古することによって、鮮度を保っていれば、何回も繰り返せる。そういう意味では演劇をやっておくとそこで培《つちか》った経験を使って、瞬間瞬間迷わず演じるということは鍛《きた》えられていて、僕にとっては演劇は、やってよかったことなんだろうと思います。

鴻上　そうだよね。映画でたとえば夕日待ちで、一発で撮ろうなんていう時に、演劇出身者は、「はいわかりました！」となるけど、映像しかやってこなかった人はびびるよね。

高橋　そうなんですよ。そういうことは僕にはなかった。それは二十代のころに、連続して舞台をやらせてもらっていたから、それが僕にとっては本当にいい経験だったなと思いますね。

「俳優になりたい」人へ

鴻上　よく「うちの息子が俳優になりたいって言ってるんです」という相談を受けるんだけど、「俳優になりたい」っていう知り合いがいたら、なんて言う？

高橋　「へえそうなんだ」、って言います。その後にどれだけ熱意があるかわかるから。僕らの仕事って免許があるわけじゃないから、いつでもなれちゃう。何を一番最初の初期衝動として持ってくるかって大事だと思います。鴻上さんが本に書かれていたように「売れたいんです」でもいい、「人気者になりたいんです」っていうのがあってもいい。けれどそのうち、人気者になりたいためだったら、もっと別の方法があるなってことに気付いてもらえたらいいかなって思う。売れたいし、故郷に錦《にしき》を飾りたい、誰もが知っていて街を歩けなくなるような有名人になりたいっていうことだったら、手段はたくさんあるわけです。アーティストでもタレントさんでもいい。けれど俳優になりたいというんだったら、お芝居が鍵になってくるんだと思います。お金をもらったり、モテたりというのは、あくまでも自分の「本音の中の建前」なんじゃないかなと。本音の表層的な部分がそれであっても、初期衝動って、きっと「お芝居したい」という衝動なんだと思います。きっと「俳優」だったら。「お芝居好きなんです」って認識があると、自分に自信がもてるんじゃないかな。そういう本音の本音を認識することは大事だと思います。

鴻上 でも熱意もあって本当に俳優になりたいって思っていても、なれない奴がいるわけじゃないか。俳優っていうのは失業を前提とした職業、声がかかってなんぼっていう職業だからさ。俳優になって最初わくわくしても仕事がこないときもある。なんて声をかける?

高橋 必ず見ている人がいるとしか言えないです。自分に自信をもっていなかったら、お芝居なんて続けられないと思うし。他者の評価ももちろん意識しなきゃいけないけれど、それはある意味、抑制を持って向き合わなければいけない部分だと思う。人の評価に全部依存していると自分の芝居なんてできなくなっていく。十人いたら十人に気に入ってもらおうとする芝居をしたり、そういう生活をしてしまう。けれどそういうことじゃなくて、やっぱり自分の志がある人たちって、外の声に日和《ひよ》って自身を見失ったり自信を無くしたりしないんですよ。志があるかないかってすごく大事です。志次第だと思います。

鴻上　二十代前半じゃない、今の高橋一生が語るから読者に響く内容になるなあ。今日は本当にありがとう。これからもがんばってはたらいてください。

（二〇一八年四月十二日　於：セルリアンタワー東急ホテル）

■本書は、二〇〇六年五月に筑摩書房より出版された『俳優になりたいあなたへ』に加筆修正し文庫化したものです。

|著者|鴻上尚史　1958年愛媛県生まれ。早稲田大学法学部出身。作家・演出家・映画監督。1981年に劇団「第三舞台」を結成。『朝日のような夕日をつれて』(87) で紀伊國屋演劇賞団体賞、『天使は瞳を閉じて』(92) でゴールデンアロー賞、『スナフキンの手紙』(94) で岸田國士戯曲賞を受賞する。2010年には「虚構の劇団」旗揚げ三部作戯曲集『グローブ・ジャングル』で第61回読売文学賞戯曲・シナリオ賞を受賞。現在は「KOKAMI@network」と、「虚構の劇団」での作・演出を中心として幅広く活動。戦時中、何度も生還した元特攻兵を紹介した『不死身の特攻兵』(講談社現代新書) はベストセラーになり、小説版『青空に飛ぶ』(講談社) も好評発売中。

鴻上尚史《こうかみしょうじ》の俳優入門《はいゆうにゅうもん》
鴻上尚史《こうかみしょうじ》

講談社文庫
定価はカバーに
表示してあります

2018年8月10日第1刷発行

発行者――渡瀬昌彦
発行所――株式会社　講談社
東京都文京区音羽2-12-21　〒112-8001
電話　出版 (03) 5395-3510
　　　販売 (03) 5395-5817
　　　業務 (03) 5395-3615
Printed in Japan

デザイン―菊地信義
本文データ制作―講談社デジタル製作
印刷―――慶昌堂印刷株式会社
製本―――株式会社国宝社

ISBN978-4-06-512201-3

講談社文庫刊行の辞

二十一世紀の到来を目睫に望みながら、われわれはいま、人類史上かつて例を見ない巨大な転換期をむかえようとしている。

世界も、日本も、激動の予兆に対する期待とおののきを内に蔵して、未知の時代に歩み入ろうとしている。このときにあたり、創業の人野間清治の「ナショナル・エデュケイター」への志を現代に甦らせようと意図して、われわれはここに古今の文芸作品はいうまでもなく、ひろく人文・社会・自然の諸科学から東西の名著を網羅する、新しい綜合文庫の発刊を決意した。

激動の転換期はまた断絶の時代である。われわれは戦後二十五年間の出版文化のありかたへの深い反省をこめて、この断絶の時代にあえて人間的な持続を求めようとする。いたずらに浮薄な商業主義のあだ花を追い求めることなく、長期にわたって良書に生命をあたえようとつとめるところにしか、今後の出版文化の真の繁栄はあり得ないと信じるからである。

同時にわれわれはこの綜合文庫の刊行を通じて、人文・社会・自然の諸科学が、結局人間の学にほかならないことを立証しようと願っている。かつて知識とは、「汝自身を知る」ことにつきていた。現代社会の瑣末な情報の氾濫のなかから、力強い知識の源泉を掘り起し、技術文明のただなかに、生きた人間の姿を復活させること。それこそわれわれの切なる希求である。

われわれは権威に盲従せず、俗流に媚びることなく、渾然一体となって日本の「草の根」をかたちづくる若く新しい世代の人々に、心をこめてこの新しい綜合文庫をおくり届けたい。それは知識の泉であるとともに感受性のふるさとであり、もっとも有機的に組織され、社会に開かれた万人のための大学をめざしている。大方の支援と協力を衷心より切望してやまない。

一九七一年七月

野間省一